2.000x Minuten-Training FRANZÖSISCH Grammatik

Anne-Sophie Loison

Compact Verlag

W0057048

© 2000 Compact Verlag München
Redaktion: Karina Partsch
Redaktionsassistenz: Katharina Eska
Produktionsleitung: Gunther Jaich
Umschlaggestaltung: Inga Koch
ISBN: 3-8174-7155-6
7271551

Besuchen Sie uns im Internet: www.compactverlag.de

Vorwort

Der praktische Compact Aktiv-Test ermöglicht es Ihnen, Ihre Französischkenntnisse schnell und auf einfache Weise zu vertiefen, aufzufrischen und zu überprüfen.

Die kurzweiligen Übungen in einem handlichen Format machen den Aktiv-Test zur idealen Trainingsmöglichkeit für zwischendurch - ob in Bus oder Bahn, im Wartezimmer, in der Mittagspause oder zu Hause.

Mit 2.000 Einzelübungen umfasst das Buch alle wichtigsten Regeln und Sonderfälle der französischen Grammatik.

Schreiben Sie Ihre Lösungen einfach ins Buch! Die richtigen Lösungen sind stets auf der jeweils gegenüberliegenden Seite angegeben.

Mit dem Compact Aktiv-Test und einem Bleistift haben Sie die Grundausrüstung, um Ihre Französischkenntnisse in Minutenschnelle zu trainieren. Viel Spaß!

Inhalt

1. „UN" OU „UNE" Setzen Sie den richtigen Artikel ein!

a. Paul cherche _ _ _ _ _ _ _ _ appartement à Rennes.

b. Mon oncle m'a offert _ _ _ _ _ _ _ _ harmonica pour mon anniversaire.

c. La bière est _ _ _ _ _ _ _ _ alcool également apprécié en Belgique.

d. J'exige _ _ _ _ _ _ _ _ explication plausible pour ton comportement.

e. Le vieux-Lille est _ _ _ _ _ _ _ _ fromage du Nord de la France.

f. Le train a _ _ _ _ _ _ _ _ heure de retard.

g. L'oie est _ _ _ _ _ _ _ _ animal pouvant garder une propriété.

h. _ _ _ _ _ _ _ _ ami est une aide précieuse en cas de problème.

i. Mon père a étendu _ _ _ _ _ _ _ _ hamac dans le jardin.

j. Cette année, nous avons eu _ _ _ _ _ _ _ _ hiver rude.

k. Poser sans cesse des questions est _ _ _ _ _ _ _ _ habitude typiquement enfantine.

l. Mon grand-père a _ _ _ _ _ _ _ _ avis sur tout.

m. Le poirier est _ _ _ _ _ _ _ _ arbre fruitier.

n. _ _ _ _ _ _ _ _ antilope est un animal africain.

o. Le marché de Noël est _ _ _ _ _ _ _ _ tradition d'Allemagne.

2. CE, CET, CETTE, CES   Was muss hier stehen?

a. _ _ _ _ _ _ _ _ hôtel est le plus luxueux de la ville.

b. _ _ _ _ _ _ _ _ parapluie m'appartient.

c. Veux-tu acheter _ _ _ _ _ _ _ _ chaussures?

d. Je voudrais _ _ _ _ _ _ _ _ livre.

e. Nous allons acheter _ _ _ _ _ _ _ _ maison.

f. _ _ _ _ _ _ _ _ bijoux sont étonnants.

g. _ _ _ _ _ _ _ _ homme est grand journaliste.

h. _ _ _ _ _ _ _ _ activité demande beaucoup d'attention.

i. _ _ _ _ _ _ _ _ jeux sont très appréciés des enfants.

j. _ _ _ _ _ _ _ _ histoire fait peur à mon petit frère.

k. Je vais au cinéma pour voir _ _ _ _ _ _ _ _ actrice merveilleuse.

l. Regarde _ _ _ _ _ _ _ _ chat, il est si drôle!

m. Ma grand-mère m'a appris _ _ _ _ _ _ _ _ chanson.

n. _ _ _ _ _ _ _ _ alcool est vraiment très fort.

o. Range _ _ _ _ _ _ _ _ assiettes dans le placard.

Lösung 3: a. perdante b. jeune c. mariée d. aimable e. originale f. grande
g. intelligente h. rouge i. allemande j. mignonne k. actuelle l. sportive
m. belle n. gentille o. sérieuse

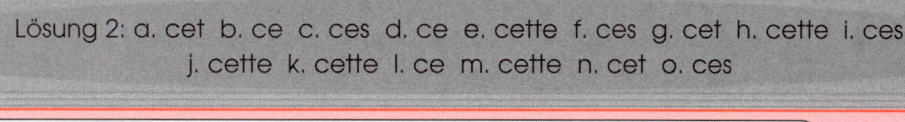

Lösung 2: a. cet b. ce c. ces d. ce e. cette f. ces g. cet h. cette i. ces
j. cette k. cette l. ce m. cette n. cet o. ces

3. METTEZ AU FÉMININ Setzen Sie die Adjektive in die weibliche Form!

a. perdant --------------------------------→

b. jeune --------------------------------→

c. marié --------------------------------→

d. aimable --------------------------------→

e. original --------------------------------→

f. grand --------------------------------→

g. intelligent --------------------------------→

h. rouge --------------------------------→

i. allemand --------------------------------→

j. mignon --------------------------------→

k. actuel --------------------------------→

l. sportif --------------------------------→

m. beau --------------------------------→

n. gentil --------------------------------→

o. sérieux --------------------------------→

4. NON, NON, NON! Schreiben Sie diese Sätze in der Verneinung!

a. Je suis d'accord avec toi.

----

b. Les patients attendent le médecin dans la salle d'attente.

----

c. Les enfants jouent au ballon dans la cour avec leurs copains.

----

d. J'ai lu un livre passionnant sur la vie des animaux sauvages.

----

e. Le bébé a dormi toute la nuit.

----

f. L'ouvrier a réparé la porte de mon appartement.

----

g. Les voleurs sont entrés par la fenêtre de ma chambre.

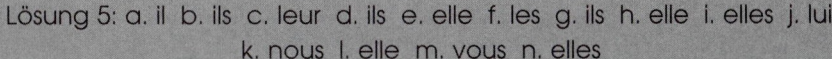

Lösung 5: a. il b. ils c. leur d. ils e. elle f. les g. ils h. elle i. elles j. lui
k. nous l. elle m. vous n. elles

5. ELLE OU LUI? Ersetzen Sie die Begriffe durch das richtige Pronomen!

a. (Paul) aime courir le long du fleuve.

b. (Nos parents) sont abonnés au théâtre.

c. J'ai donné à boire et à manger (aux chats de mon voisin).

d. (Les policiers) ont installé des barrages pour pouvoir faire des contrôles.

e. (Ma mère) est partie faire des courses avec mon frère.

f. J'ai rencontré (Charlotte et son ami) en allant me promener au bord du lac.

g. (Charlotte et son ami) se connaissent depuis leur enfance.

h. (La chanteuse) a eu ce soir beaucoup de succès.

i. (Anne et Julie) sont parties en vacances chez leur grand-mère.

j. Il a téléphoné à (son frère) pendant plus d'une heure.

k. (Marc et moi) sommes occupés toute la journée.

l. (Sa télévision) est allumée pratiquement 24 heures sur 24.

m. (Tes frères et toi) êtes vraiment insupportables!

n. (Les cassettes vidéo) sont rangées sur l'étagère à côté du magnétoscope.

6. LE PRÉSENT Wie lauten die Verben im Präsens?

a. Je _ _ _ _ _ _ _ _ la soeur de mon frère.   être

b. La chatte _ _ _ _ _ _ _ _ à manger à ses chatons.   donner

c. Le livre _ _ _ _ _ _ _ _ dans la bibliothèque.   se trouver

d. Son grand-père _ _ _ _ _ _ _ _ 65 ans.   avoir

e. Paul _ _ _ _ _ _ _ _ depuis 3 ans à Strasbourg.   habiter

f. Mon chef et moi _ _ _ _ _ _ _ _ à New-York pour affaires.   être

g. _ _ _ _ _ _ _ _ - vous de Belgique ou de France, Louis?   venir

h. Nos voisins _ _ _ _ _ _ _ _ continuellement.   se disputer

i. La pollution atmosphérique _ _ _ _ _ _ de plus en plus importante.   être

j. Cette émission _ _ _ _ _ _ _ _ à 23 heures.   finir

k. Quand _ _ _ _ _ _ _ _ - tu? Ce soir ou demain?   venir

l. Cet été, nous _ _ _ _ _ _ _ _ en vacances au bord de la mer.   partir

m. Quelle heure _ _ _ _ _ _ _ _ -il?   être

n. Elle _ _ _ _ _ _ _ _ aux sciences physiques et aux mathématiques.   s'intéresser

o. Le voleur _ _ _ _ _ _ _ _ la fuite en voyant la voiture de police.   prendre

---

Lösung 7: a. fleurs b. nez c. genoux d. jeux e. journaux f. choix g. pneus
h. étudiantes i. bals j. bouquets k. gaz l. bijoux m. bas n. yeux o. carnavals

7. UN CHEVAL DES CHEVAUX Schreiben Sie die Pluralform!

a. fleur

b. nez

c. genou

d. jeu

e. journal

f. choix

g. pneu

h. étudiante

i. bal

j. bouquet

k. gaz

l. bijou

m. bas

n. oeil

o. carnaval

8. QUESTIONS Kennen Sie die passenden Interrogativpronomen?

a. _ _ _ _ _ _ _ _ jour sommes-nous?

b. _ _ _ _ _ _ _ _ appelles-tu?

c. _ _ _ _ _ _ _ _ s'appelle ton petit frère?

d. _ _ _ _ _ _ _ faites-vous à Noël?

e. _ _ _ _ _ _ _ de gâteaux as-tu déjà mangés?

f. _ _ _ _ _ _ _ âge a-t-il?

g. _ _ _ _ _ _ _ voulez-vous aller? Au cinéma ou au théâtre?

h. _ _ _ _ _ _ _ _ est cette personne à côté du bar?

i. De _ _ _ _ _ _ _ _ discutons-nous déjà?

j. A _ _ _ _ _ _ _ _ appartient ce livre?

k. _ _ _ _ _ _ _ a coûté cette voiture?

l. _ _ _ _ _ _ _ _ est le prochain film que tu voudrais voir?

m. Avec _ _ _ _ _ _ _ _ êtes-vous parti en vacances?

n. _ _ _ _ _ _ _ _ sont-ils venus? En train ou en voiture?

o. _ _ _ _ _ _ _ _ veux-tu manger?

comment
que
qui
quel
où
combien
quoi

Lösung 9: a. et b. et c. est d. et e. est f. et g. est h. et i. et j. est k. et
l. et m. est n. est o. et

9. ET OU EST ? Wie heißt es richtig?

a. Paul _ _ _ _ _ _ _ _ son frère sont partis à la pêche depuis ce matin.

b. La boulangerie ouvre à six heures _ _ _ _ _ _ _ _ quart.

c. Le repas _ _ _ _ _ _ _ _ prêt depuis dix minutes.

d. Les élèves doivent acheter pour la rentrée des crayons _ _ _ _ _ _ _ _ des cahiers.

e. Elle _ _ _ _ _ _ _ _ surprise de le rencontrer ici.

f. Dites-lui de venir _ _ _ _ _ _ _ _ surtout de se dépêcher!

g. Il nous _ _ _ _ _ _ _ _ difficile de comprendre sa situation car il ne veut pas en parler.

h. En rentrant, il ôte ses chaussures _ _ _ _ _ _ _ _ s'installe dans son fauteuil.

i. „_ _ _ _ _ _ _ _ alors" est sa réplique préférée.

j. Pauline _ _ _ _ _ _ _ _ venue pour le remercier.

k. Elle va passer ses vacances avec son frère _ _ _ _ _ _ _ _ son cousin.

l. Ma mère, mon père _ _ _ _ _ _ _ _ ma tante sont partis en Grèce.

m. Il _ _ _ _ _ _ _ _ plus riche qu'on ne pourrait le croire.

n. Ce que j'aime chez toi, c'_ _ _ _ _ _ _ _ ton honnêteté.

o. „_ _ _ _ _ _ _ _ toi, comment ça va?"

10. EST-CE QUE? Bilden Sie Fragesätze mit „est-ce que"!

a, Tu as acheté le journal.

----

b, Il a reçu beaucoup de courrier.

----

c, Ton père vient souvent te rendre visite.

----

d, Elle dépense beaucoup d'argent.

----

e, Paul est très heureux.

----

f, Mon petit frère a bien dormi.

----

g, Tu as lu ce livre.

Lösung 11: a. est allé b. a neigé c. est né d. est monté e. sont venues f. a nagé
g. ont regardé h. a lu i. s'est blessée j. sommes partis k. s'est levé l. a fait
m. a raconté n. a marché o. avons acheté

Lösung 10: a. Est-ce que tu as acheté le journal? b. Est-ce qu'il a reçu beaucoup de courrier?
c. Est-ce que ton père vient souvent te rendre visite? d. Est-ce qu'elle dépense beaucoup d'argent?
e. Est-ce que Paul est très heureux? f. Est-ce que mon petit frère a bien dormi?
g. Est-ce que tu as lu ce livre?

11. PASSÉ COMPOSÉ Wie lauten die Verben im Passé Composé?

a. Hier soir, il _ _ _ _ _ _ _ _ au cinéma.

b. L'hiver dernier, il _ _ _ _ _ _ _ _ beaucoup.

c. Son grand-père _ _ _ _ _ _ _ _ en 1909 à Marseille.

d. Pour préparer le déménagement, mon père _ _ _ _ _ _ _ _ au grenier.

e. Ses amies _ _ _ _ _ _ _ _ lui rendre visite à l'hôpital.

f. Hier, il _ _ _ _ _ _ _ _ pendant une heure.

g. Les enfants _ _ _ _ _ _ _ _ un dessin animé à la télévision.

h. Pauline _ _ _ _ _ _ _ _ hier toute la journée.

i. La semaine dernière, elle _ _ _ _ _ _ _ _ en tombant de sa chaise.

j. Pendant des années, nous _ _ _ _ _ _ _ _ en vacances à la montagne.

k. Il _ _ _ _ _ _ _ _ très tôt hier matin.

l. L'enfant _ _ _ _ _ _ _ _ ses premiers pas avant-hier.

m. La maman _ _ _ _ _ _ _ _ à l'enfant un conte de fée.

n. En 1969, Neil Armstrong _ _ _ _ _ _ _ _ sur la lune.

o. Nous _ _ _ _ _ _ _ _ une nouvelle voiture.

aller
neiger
naître
monter
venir
nager
regarder
lire
se blesser
partir
se lever
faire
raconter
marcher
acheter

12. IL Y A, C'EST, CE SONT Was passt in die Lücke?

a. Dans ma rue, _ _ _ _ _ _ _ _ une petite boulangerie.

b. A Paris se trouvent beaucoup de bateaux: _ _ _ _ _ _ _ _ des bateaux-mouches.

c. Dans cette école, _ _ _ _ _ _ _ _ quelques professeurs étrangers.

d. „Ce n'est pas de ma faute, _ _ _ _ _ _ _ _ lui qui a commencé!"

e. Dans ma chambre, _ _ _ _ _ _ _ _ une baie vitrée.

f. Regarde, _ _ _ _ _ _ _ _ nos voisins.

g. A Paris, il y a également une pyramide: _ _ _ _ _ _ _ _ la Pyramide du Louvre.

h. _ _ _ _ _ _ _ _ un message sur mon répondeur.

i. Sur la place du marché de mon quartier, _ _ _ _ _ _ _ _ des cerisiers japonais.

j. Ces hommes là-bas, _ _ _ _ _ _ _ _ mes cousins revenant de voyage.

k. Dans cette rue se trouve un restaurant excellent: _ _ _ _ _ _ _ _ un restaurant chinois.

l. En Europe, _ _ _ _ _ _ _ _ des paysages magnifiques.

m. Là, sur cette photo, _ _ _ _ _ _ _ _ moi.

n. Ce chien, à côté du banc, _ _ _ _ _ _ _ _ un labrador.

o. Les enfants jouant dans la cour, _ _ _ _ _ _ _ _ les enfants de la concierge.

Lösung 13: a. choux-fleurs b. grand-mères c. gratte-ciel d. coffres-forts e. couvre-lits
f. haut-parleurs g. brosses à dents h. terrains de camping i. petit-fils j. sourds-muets
k. chefs-d'oeuvre l. derniers-nés m. limes à ongles n. passe-partout o. timbres-poste

13. UN ARC-EN-CIEL DES ARCS-EN-CIEL Bilden Sie die Pluralform!

a. chou-fleur

b. grand-mère

c. gratte-ciel

d. coffre-fort

e. couvre-lit

f. haut-parleur

g. brosse à dents

h. terrain de camping

i. petit-fils

j. sourd-muet

k. chef-d'oeuvre

l. dernier-né

m. lime à ongles

n. passe-partout

o. timbre-poste

14. UNE QUESTION D'ARTICLE Setzen Sie den richtigen Artikel ein!

a. _ _ _ _ _ _ _ _ tour Eiffel se trouve à Paris.

b. Où as-tu appris _ _ _ _ _ _ _ _ langue russe?

c. C'est _ _ _ _ _ _ _ _ homme brillant.

d. Depuis quand avez-vous _ _ _ _ _ _ _ _ télévision couleur?

e. Il a mal aux dents: il lui faut aller chez _ _ _ _ _ _ _ _ dentiste.

f. Je mange toujours _ _ _ _ _ _ _ _ gâteau aux pommes au petit-déjeuner.

g. Qui est _ _ _ _ _ _ _ _ auteur de Anna Karénine?

h. A chaque fois que je voyage, j'achète _ _ _ _ _ _ _ _ souvenir pour ma filleule.

i. _ _ _ _ _ _ _ _ singes sont des êtres intelligents.

j. L'enfant a mal à _ _ _ _ _ _ _ _ tête.

k. J'ai acheté _ _ _ _ _ _ _ _ ordinateur portable hier.

l. _ _ _ _ _ _ _ _ boulanger passe dans ce village tous les deux jours.

m. Son émission préférée est _ _ _ _ _ _ _ _ émission scientifique.

n. A 90 ans, il a toujours un énorme goût de _ _ _ _ _ _ _ _ vie.

o. Je lui ai offert _ _ _ _ _ _ _ _ montre pour Noël.

Lösung 15: a. le mien b. le mien c. les siens d. les miennes e. le tien f. le mien
g. les vôtres h. la leur i. la sienne j. la tienne k. les nôtres l. la sienne m. les leurs
n. le mien o. le sien

Lösung 14: a. la b. la c. un d. une e. le f. un g. l' h. un i. les j. la k. un
l. le m. une n. la o. une

15. LE MIEN Tragen Sie die substantivischen Possessivpronomen ein!

a. Ton frère est architecte, (mon frère) est docteur.
b. Si ton stylo ne marche pas, tu peux prendre (mon stylo).
c. A qui sont ces gants? Ce sont (ses gants).
d. Ses photos sont mieux réussies que (mes photos).
e. J'ai égaré mon dictionnaire, peux-tu me prêter (ton dictionnaire)?
f. Si tu me racontes ton secret, je te raconterais (mon secret).
g. J'ai les yeux bleus, (vos yeux) sont marrons.
h. Ma maison se trouve au bord d'un lac, (leur maison) par contre est en ville.
i. Elle a pris ma voiture pour aller au travail car (sa voiture) est en panne.
j. Mon erreur est plus grave que (ton erreur).
k. Vos enfants sont vraiment sages, (nos enfants) sont de vrais petits diables.
l. Ma correspondante est allemande, (sa correspondante) est autrichienne.
m. J'ai retrouvé mes clés mais j'ai perdu (leurs clés).
n. Son entraînement est aussi dur et complet que (mon entraînement).
o. Mon chien est de la même race que (son chien).

16. LEUR OU LEURS Was muss hier stehen?

a. _ _ _ _ _ _ _ _ places d'avions sont réservées depuis trois mois.

b. Les patients attendent _ _ _ _ _ _ _ _ tour dans la salle d'attente.

c. Mes amis sont partis en vacances. Je m'occupe de _ _ _ _ _ _ _ _ enfant.

d. Pour _ _ _ _ _ _ _ _ retour, nous prévoyons de donner une fête.

e. _ _ _ _ _ _ _ _ vacances font en effet office de voyage de noces.

f. Je _ _ _ _ _ _ _ _ ai souhaité tout le bonheur du monde.

g. Ils ont emmenés _ _ _ _ _ _ _ _ chiens chez le vétérinaire.

h. Le professeur _ _ _ _ _ _ _ _ a donné de bons conseils avant de passer les examens.

i. _ _ _ _ _ _ _ _ exercices sont plutôt compliqués et fatigants.

j. Beaucoup d'enfants n'aiment pas prêter _ _ _ _ _ _ _ _ jouets.

k. _ _ _ _ _ _ _ _ fille est une excellente sportive.

l. Pour ce soir, je _ _ _ _ _ _ _ _ ai indiqué quelques bons restaurants.

m. _ _ _ _ _ _ _ _ voitures sont en panne, ils ont prit la mienne.

n. _ _ _ _ _ _ _ _ arrivée est prévue dans deux heures. Dépêchons-nous!

o. Je ne veux pas m'occuper de _ _ _ _ _ _ _ _ affaires!

Lösung 17: a. donné b. aller c. raconter d. travailler e. préparé f. parler g. promener
h. rentré i. arriver j. regardé k. imité l. cessé m. manger n. rester o. écouter

17. LA BONNE TERMINAISON Wählen Sie die passende Form aus!

a. Pour leur excursion, je leur ai **donner/donné** de quoi manger.

b. Je dois **aller/allé** chez le médecin.

c. Depuis la dernière fois, j'ai peu de nouvelles à te **raconter/raconté**.

d. Pour réussir ces examens, il faut vraiment beaucoup **travaillé/travailler**.

e. Il a **préparé/préparer** un excellent repas pour sa femme.

f. A part **parlé/parler** à tort et à travers, il ne fait rien de bon!

g. J'aime bien me **promener/promené** à la tombée de la nuit.

h. Leur fils est **rentrer/rentré** plus tard que prévu.

i. **Arriver/arrivé** en retard me rend nerveux.

j. Paul a **regarder/regardé** la télévision toute la nuit.

k. **Imiter/imité?** Il l'a été au moins dix fois.

l. Les enfants n'ont **cesser/cessé** de faire les fous.

m. Il a enfin fini de **mangé/manger**.

n. Il vaut mieux **resté/rester** à la maison. Il pleut.

o. Tu as le droit d' **écouter/écouté** la musique qui te plaît.

18. QUEL(S) QUE, QUELLE(S) QUE, QUELQUE(S) Welches Wort ist das Richtige?

a. _ _ _ _ _ _ _ _ chapitres de ce livre sont vraiment ennuyeux.

b. _ _ _ _ _ _ _ _ soient tes motifs, tu n'aurais pas du revenir ici.

c. „Dis-moi donc _ _ _ _ _ _ _ _ chose!"

d. J'ai encore _ _ _ _ _ _ _ _ travaux à faire avant d'emménager.

e. _ _ _ _ _ _ _ _ soit l'heure à laquelle tu arrives, ce café est toujours plein.

f. La police a arrêté _ _ _ _ _ _ _ _ -uns des manifestants.

g. Depuis _ _ _ _ _ _ _ _ temps, ma grand-mère a des trous de mémoire.

h. _ _ _ _ _ _ _ _ soit l'endroit où je vais, il me suit toujours.

i. Il est parti _ _ _ _ _ _ _ _ part, je ne sais pas où.

j. Dans _ _ _ _ _ _ _ _ heures, tout sera terminé.

k. Nous nous connaissons depuis _ _ _ _ _ _ _ _ années.

l. _ _ _ _ _ _ _ _ soient ses activités, il n'est jamais satisfait.

m. Nous voulons visiter _ _ _ _ _ _ _ _ autres appartements avant de nous décider.

n. En _ _ _ _ _ _ _ _ sorte, tu as raison.

o. Il a fait _ _ _ _ _ _ _ _ remarques déplaisantes sur ma façon de vivre.

Lösung 19: a. Fais-le tant que tu es en forme! b. Faites attention à ne pas dépenser trop d'argent!
c. Dites-nous ce que nous devons faire! d. Buvons à notre santé! e. Laissez-le enfin tranquille!
f. Ne roule pas si vite! Je ne me sens pas bien. g. N'en demande pas trop! Ils sont encore jeunes.

Lösung 18: a. quelques b. quels que c. quelque d. quelques e. quelle que f. quelques
g. quelque h. quel que i. quelque j. quelques k. quelques l. quelles que
m. quelques n. quelque o. quelques

19. DIS-LE-MOI! Übersetzen Sie ins Französische!

a, *Tu es solange du noch fit bist!*

----

b, *Achtet darauf, dass ihr nicht zu viel Geld ausgebt!*

----

c, *Sagen Sie uns, was wir tun sollen!*

----

d, *Stoßen wir auf uns an!*

----

e, *Lasst ihn endlich in Ruhe!*

----

f, *Fahr nicht so schnell! Ich fühle mich nicht wohl.*

----

g, *Verlange nicht zu viel! Sie sind noch jung.*

----

a. Est-ce qu'elle est encore au Japon? Non, elle _ _ _ _ _ _ _ est revenue hier.

b. Veut-elle _ _ _ _ _ _ _ _ retourner un jour?

c. J'ai acheté des pêches. Combien _ _ _ _ _ _ _ _ veux-tu?

d. Parles-tu souvent de ton travail? Non, je n'_ _ _ _ _ _ _ parle pas souvent.

e. Je suis déçue, il n'_ _ _ _ _ _ _ a plus de séance de cinéma aujourd'hui.

f. Est-ce qu'il y a encore du café? Oui, il y _ _ _ _ _ _ _ _ a encore.

g. Voilà, ça _ _ _ _ _ _ _ _ est, j'ai fini!

h. Qui participe à ce concours? Mon frère et ma soeur _ _ _ _ _ _ _ participent.

i. C'est un spécialiste en bijoux anciens: il s'_ _ _ _ _ _ _ connaît vraiment très bien.

j. Comment va Anne à Paris? Je crois qu'elle _ _ _ _ _ _ _ _ va en voiture.

k. Je connais un très bon restaurant. Dois-je t'_ _ _ _ _ _ _ _ donner l'adresse?

l. Mon père a oublié de venir me chercher. Je lui _ _ _ _ _ _ _ _ veux!

m. J'_ _ _ _ _ _ _ _ ai assez! Je pars!

n. S'il te plaît, penses-_ _ _ _ _ _ _ _!

o. Ne t'_ _ _ _ _ _ _ _fais pas, tout va bien se passer.

Lösung 21: a. qui b. dont c. que d. que e. quoi f. dont g. quoi h. quoi i. que j. qui k. que l. dont m. dont n. que o. qu'

Lösung 20: a. en b. y c. en d. en e. y f. en g. y h. y i. y j. y k. en
l. en m. en n. y o. en

21. QUI, QUE, DONT, QUOI Setzen Sie das richtige Relativpronomen ein!

a. Voilà mon frère _ _ _ _ _ _ _ _ fait des études d'architecture.

b. La maladie _ _ _ _ _ _ _ _ elle souffre est incurable.

c. L'homme _ _ _ _ _ _ _ _ j'ai rencontré en voyage est plein d'humour.

d. _ _ _ _ _ _ _ _ veux-tu de moi?

e. Ce à _ _ _ _ _ _ _ _ elle s'intéresse en ce moment, ce sont les animaux exotiques.

f. Ce sont les enfants de la femme _ _ _ _ _ _ _ _ je t'ai parlé.

g. Il n'y a franchement pas de _ _ _ _ _ _ _ _ rire!

h. Ce à _ _ _ _ _ _ _ _ tu penses me laisse perplexe.

i. La communication satellite est un système _ _ _ _ _ _ _ _ je trouve génial.

j. Les familles _ _ _ _ _ _ _ _ ont des enfants bénéficient de tarifs préférentiels.

k. Le costume _ _ _ _ _ _ _ _ porte Jean a été acheté en Italie.

l. Le service _ _ _ _ _ _ _ _ il est responsable a des problèmes de fonctionnement.

m. La manière _ _ _ _ _ _ _ _ il bouge est très gracieuse.

n. C'est un film _ _ _ _ _ _ _ _ j'ai déjà vu trois fois.

o. Ce _ _ _ _ _ _ _ _ il m'a dit m'a blessé.

22. AUJOURD'HUI Bilden Sie das Präsens!

a. Aujourd'hui, je _ _ _ _ _ _ _ _ tôt.
b. Mon frère et moi, nous _ _ _ _ _ _ _ _ beaucoup.
c. Je me suis aperçu que vous _ _ _ _ _ _ _ _ assez facilement.
d. On _ _ _ _ _ _ _ _ beaucoup ensemble.
e. Mes enfants ne _ _ _ _ _ _ _ _ jamais en centre de vacances.
f. Les voleurs _ _ _ _ _ _ _ _ à la police après avoir essayé de fuir.
g. Dépêche-toi! Cet enfant _ _ _ _ _ _ _ _ .
h. Nous _ _ _ _ _ _ _ _ prudemment pour ne pas l'effrayer.
i. Ils _ _ _ _ _ _ _ _ continuellement.
j. Il _ _ _ _ _ _ _ _ en route le plus vite possible.
k. En général, les gens ne _ _ _ _ _ _ _ _ pas tôt le dimanche.
l. Notre chat _ _ _ _ _ _ _ _ toujours en voyant le chien du voisin.
m. Vous _ _ _ _ _ _ _ _ à vous-même.
n. Ils _ _ _ _ _ _ _ _ à moi pour te souhaiter un bon anniversaire.
o. Tu _ _ _ _ _ _ _ _ tout le temps.

- se coucher
- se ressembler
- s'énerver
- s'amuser
- s'ennuyer
- se rendre
- se noyer
- s'avancer
- se battre
- se mettre
- se lever
- s'enfuir
- se mentir
- se joindre
- se contredire

Lösung 23: a. meilleur b. affamé c. important d. bon e. excellent f. négligée g. occupé h. bon - bien i. proche j. blanche k. folles l. cher m. pire n. mignon o. épuisé/fatigué

Lösung 22: a. me couche b. nous ressemblons c. vous énervez d. s'amuse e. s'ennuient
f. se rendent g. se noie h. nous avançons i. se battent j. se met k. se lèvent l. s'enfuit
m. vous mentez n. se joignent o. te contredis

23. LE BON MOT Übersetzen Sie die deutschen Begriffe!

a. Ce restaurant italien est _ _ _ _ _ _ _ _ que celui d'à côté.

b. Ce bébé pleure car il est _ _ _ _ _ _ _ _.

c. Il est très _ _ _ _ _ _ _ _ de ne pas s'endormir au volant.

d. Il est arrivé au _ _ _ _ _ _ _ _ moment.

e. Ce repas était _ _ _ _ _ _ _ _.

f. Sa tenue est trop _ _ _ _ _ _ _ _ même pour un tel événement.

g. Mon père est très _ _ _ _ _ _ _ _ par son travail même le week-end.

h. Dans ce _ _ _ _ _ _ _ _ restaurant, il faut _ _ _ _ _ _ _ _ se conduire.

i. Nous prévoyons de déménager dans un _ _ _ _ _ _ _ _ avenir.

j. La mariée portait une robe _ _ _ _ _ _ _ _.

k. Cet artiste a vraiment de _ _ _ _ _ _ _ _ idées .

l. Ce téléviseur est trop _ _ _ _ _ _ _ _. Nous ne pouvons pas l'acheter.

m. Tu es vraiment _ _ _ _ _ _ _ _ que moi!

n. Regarde ce chaton, il est si _ _ _ _ _ _ _ _!

o. Je rentre à la maison. Je suis _ _ _ _ _ _ _ _.

- besser
- hungrig
- wichtig
- richtig
- ausgezeichnet
- salopp
- beschäftigt
- gut - gut
- absehbar
- weiß
- verrückt
- teuer
- schlimmer
- süß
- müde

24. CE/SE, CES/SES Welches Wort passt nicht?

a. Les parents sont sortis. Les enfants font donc **se/ce** qu'ils veulent.

b. Paul est assez satisfait de **ses/ces** dessins.

c. **Ses/ces** tableaux sont des oeuvres de Picasso.

d. Les enfant **ce/se** sont enfin endormis.

e. **Ce/se** ticket de train est pour Paris et celui-là pour Bruxelles.

f. Range **se/ce** pull, il traîne déjà depuis une semaine!

g. **Ces/ses** oiseaux-là sont des perroquets.

h. **Ses/ces** héros sont des grands sportifs, les miens des acteurs.

i. Sais-tu **ce/se** que c'est?

j. **Se/ce** taire est parfois mieux qu'un grand discours.

k. Il ne peut pas **se/ce** souvenir de son rêve.

l. **Ses/ces** fruits sont excellents.

m. **Ses/ces** bâtiments font partis de mon université.

n. **Ce/se** sont des cartes d'entrée pour le musée de la bande dessinée.

o. Il adore **ces/ses** grands frères.

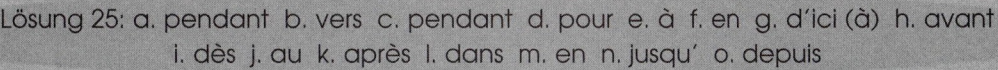

Lösung 25: a. pendant b. vers c. pendant d. pour e. à f. en g. d'ici (à) h. avant
i. dès j. au k. après l. dans m. en n. jusqu' o. depuis

25. AVANT OU APRÈS Setzen Sie die richtige temporale Präposition ein!

a. Je suis resté dans ce pays _ _ _ _ _ _ _ _ longtemps.

b. Je pense que je reviendrais _ _ _ _ _ _ _ _ le 15 de ce mois.

c. Qu'allons nous faire _ _ _ _ _ _ _ _ les vacances?

d. Il est parti aux USA _ _ _ _ _ _ _ _ trois ans.

e. „ _ _ _ _ _ _ _ _ minuit, vous devez être rentrés."

f. Les feuilles commencent à tomber _ _ _ _ _ _ _ _ automne.

g. Cette maquette doit être terminée _ _ _ _ _ _ _ _ la semaine prochaine.

h. Il a bien révisé _ _ _ _ _ _ _ _ de passer les examens.

i. Je te téléphonerai _ _ _ _ _ _ _ _ notre retour.

j. La vie renaît _ _ _ _ _ _ _ _ printemps.

k. Il faudrait se laver les dents _ _ _ _ _ _ _ _ chaque repas.

l. Revenez donc _ _ _ _ _ _ _ _ une semaine.

m. Albert Einstein est né _ _ _ _ _ _ _ _ 1879.

n. Reste _ _ _ _ _ _ _ _ au dîner.

o. Il est malade _ _ _ _ _ _ _ _ une semaine.

26. DU BON VIN Setzen Sie den richtigen Artikel ein!

a. Hier, il y a eu une panne _ _ _ _ _ _ _ _ électricité.

b. En vacances, nous mangeons essentiellement _ _ _ _ _ _ _ _ poisson.

c. Je n'utilise que _ _ _ _ _ _ _ _ huile d'olive.

d. Mes parents sont des gens très appréciés. Ils ont beaucoup _ _ _ _ _ _ _ _ amis.

e. Il m'offre _ _ _ _ _ _ _ _ fleurs pour mon anniversaire tous les ans.

f. Veux-tu _ _ _ _ _ _ _ _ café ou _ _ _ _ _ _ _ _ thé?

g. Est-ce qu'il y a _ _ _ _ _ _ _ _ mayonnaise dans la salade du chef?

h. Je ne bois jamais _ _ _ _ _ _ _ _ alcool quand je conduis.

i. Que veux-tu boire? Il y a _ _ _ _ _ _ _ _ vin et _ _ _ _ _ _ _ _ bière.

j. Elle a reçu vraiment beaucoup _ _ _ _ _ _ _ _ jouets pour Noël.

k. Nous avons acheté _ _ _ _ _ _ _ _ pierres pour le jardin.

l. Il aime écouter _ _ _ _ _ _ _ _ musique classique avant de se coucher.

m. Pour être un excellent sportif, il faut aussi _ _ _ _ _ _ _ _ talent.

n. Il n'y a pas besoin _ _ _ _ _ _ _ _ sauce tomate pour cette recette.

o. Je bois un verre _ _ _ _ _ _ _ lait et mange _ _ _ _ _ _ _ tartines avec _ _ _ _ _ _ confiture.

Lösung 27: a. Naturellement, il est arrivé en retard. b. Ce livre est le plus mauvais que je n'ai jamais lu.
c. Depuis hier, il se comporte drôlement. d. Ce film n'était pas mal, meilleur que l'autre.
e. Il nous a toujours accueilli très chaleureusement. f. Il court aussi vite qu'un lapin!
g. Elle est éperdument/passionnément amoureuse de lui.

Lösung 26: a. d' b. du c. de l' d. d' e. des f. du - du g. de la h. d' i. du - de la
j. de k. des l. de la m. du n. de o. de - des - de la

27. TRADUISEZ Übersetzen Sie die folgenden Sätze!

a, *Selbstverständlich ist er zu spät gekommen.*

---

b, *Dieses Buch ist das Schlechteste, das ich jemals gelesen habe.*

---

c, *Seit gestern benimmt er sich seltsam.*

---

d, *Dieser Film war nicht schlecht, besser als der Andere.*

---

e, *Er hat uns immer sehr herzlich empfangen.*

---

f, *Er läuft genauso schnell wie ein Hase!*

---

g, *Sie ist leidenschaftlich in ihn verliebt.*

---

28. IMPARFAIT Wie heißt das Imperfekt dieser Verben?

a. Tous les ans, nous _ _ _ _ _ _ _ _ nos vacances à la mer.

b. Autrefois, les femmes ne _ _ _ _ _ _ _ _ pas travailler.

c. Il _ _ _ _ _ _ _ _ sans cesse.

d. Avant, je ne _ _ _ _ _ _ _ _ jamais mes phrases.

e. Enfant, il ne _ _ _ _ _ _ _ _ pas dormir chez son oncle.

f. J'_ _ _ _ _ _ _ _ une enfant anxieuse.

g. Avant son traitement, il _ _ _ _ _ _ _ _ continuellement mal à la gorge.

h. Il a appris que tu _ _ _ _ _ _ _ _ demain.

i. Sans le maître nageur, il se _ _ _ _ _ _ _ _.

j. Nous nous _ _ _ _ _ _ _ _ une histoire chaque soir.

k. Avant d'être en retraite, il _ _ _ _ _ _ _ _ dans cette usine.

l. En vacances, nous _ _ _ _ _ _ _ _ rester plus longtemps dehors.

m. Vous aviez peur, c'est pourquoi vous n'_ _ _ _ _ _ _ _ pas entrer.

n. Tu le _ _ _ _ _ _ _ _ depuis toujours.

o. En le voyant, il se _ _ _ _ _ _ _ _ toujours à rire.

passer
pouvoir
manger
finir
vouloir
être
avoir
revenir
noyer
raconter
travailler
pouvoir
oser
savoir
mettre

Lösung 29: a. ses b. ses c. son d. tes e. notre f. vos g. mon h. leurs i. sa
j. tes k. votre l. ta m. ma n. nos o. son

Lösung 28: a. passions b. pouvaient c. mangeait d. finissais e. voulait f. étais g. avait h. revenais i. noyait j. racontions k. travaillait l. pouvions m. osiez n. savais o. mettait

29. MON, TON, SON... Wie lautet das richtige Possessivpronomen?

a. Mon petit frère ne veut pas prêter _ _ _ _ _ _ _ _ affaires.

b. Chacun a _ _ _ _ _ _ _ _ problèmes.

c. Elle lui a donné _ _ _ _ _ _ _ _ adresse.

d. Tu dois ranger _ _ _ _ _ _ _ _ habits.

e. Nous prenons _ _ _ _ _ _ _ _ voiture pour aller au travail.

f. Regardez-vous souvent _ _ _ _ _ _ _ _ photos d'enfance?

g. Je vais me promener avec _ _ _ _ _ _ _ _ chien.

h. Ils sont inquiets car _ _ _ _ _ _ _ _ enfants sont malades.

i. Julie trouve _ _ _ _ _ _ _ _ poupée très jolie.

j. Tu fais vraiment _ _ _ _ _ _ _ _ courses tous les jours?

k. Vous travaillez régulièrement dans _ _ _ _ _ _ _ _ jardin.

l. Tu t'occupes bien de _ _ _ _ _ _ _ _ mère.

m. Je dois faire attention à _ _ _ _ _ _ _ _ petite soeur.

n. Nous avons sali _ _ _ _ _ _ _ _ chaussures.

o. On ne peut pas refuser _ _ _ _ _ _ _ _ aide à une personne en danger.

30. LEQUEL, LAQUELLE, AUQUEL ... Welches Pronomen gehört in die Lücke?

a. Les personnes avec _ _ _ _ _ _ _ _ je me promène sont mes voisins.   auxquels

b. C'est une réunion à _ _ _ _ _ _ _ je voudrais participer.   desquelles

c. Les problèmes _ _ _ _ _ _ _ _ tu fais allusion ne sont pas graves.   lesquelles

d. Le restaurant à côté _ _ _ _ _ _ _ _ j'habite est excellent.   lequel

e. Voilà les amis avec l'aide _ _ _ _ _ _ _ _ j'ai réussi à mes examens.   auxquelles

f. J'admire l'enthousiasme avec _ _ _ _ _ _ _ _ il réalise ses projets.   duquel

g. Les histoires _ _ _ _ _ _ _ _ il pense ont été écrites par E. A. Poe.   desquels

h. C'est un sujet _ _ _ _ _ _ _ _ je m'intéresse depuis toujours.   laquelle

i. Ce sont les montagnes sur les pentes _ _ _ _ _ _ _ _ on aime skier.   auquel

j. C'est l'homme par _ _ _ _ _ _ _ _ le scandale est arrivé.

k. Je connais bien les thèmes sur _ _ _ _ _ _ _ _ vous travaillez.

l. La chaise sur _ _ _ _ _ _ _ _ je suis assise est très ancienne.

m. L'immeuble en face _ _ _ _ _ _ _ _ il habite fut conçu par un architecte célèbre.

n. Les examens _ _ _ _ _ _ _ _ il se prépare sont assez difficiles.

o. Le projet _ _ _ _ _ _ _ _ je pense durera plusieurs mois.

Lösung 31: a. à b. au c. de d. chez e. en f. chez g. en h. de i. près
j. d' k. à l. par m. de n. pour o. à

31. CHEZ LE COIFFEUR Setzen Sie die passende Präposition ein!

a. Il mange _ _ _ _ _ _ _ _ des heures impossibles.

b. J'aime aller _ _ _ _ _ _ _ _ cinéma.

c. La ville _ _ _ _ _ _ _ _ Paris organise un concert sur le Champs de Mars.

d. Mon grand-père voudrait vivre _ _ _ _ _ _ _ _ nous.

e. Cette maison _ _ _ _ _ _ _ _ bois est magnifique.

f. Je me sens toujours mal à l'aise _ _ _ _ _ _ _ _ le dentiste.

g. Ces verres _ _ _ _ _ _ _ _ cristal appartiennent à ma grand-mère.

h. Il est vraiment quelqu'un _ _ _ _ _ _ _ _ gentil.

i. Nous habitons _ _ _ _ _ _ _ _ d'un bois.

j. Ce magasin _ _ _ _ _ _ _ _ antiquités a de vrais merveilles.

k. Je vais volontiers _ _ _ _ _ _ _ _ la piscine.

l. Nous nous rencontrons deux fois _ _ _ _ _ _ _ _ semaine.

m. L'avion _ _ _ _ _ _ _ _ Londres a deux heures de retard.

n. Je travaille _ _ _ _ _ _ _ _ mon plaisir.

o. Je voudrais parler _ _ _ _ _ _ _ _ mon père.

a. Guillaume est toujours content quand il rencontre son frère.

----

b. Ce soir, j'ai envie d'aller au cinéma et au restaurant.

----

c. En hiver, ma mère sort avec des gants et avec une écharpe.

----

d. Dans ce magasin, Charlotte achète toujours quelque chose.

----

e. Ma soeur croit encore au Père Noël.

----

f. J'aime venir ici car je connais beaucoup de gens.

----

g. Il a déjà visité le musée des Arts Modernes de Paris.

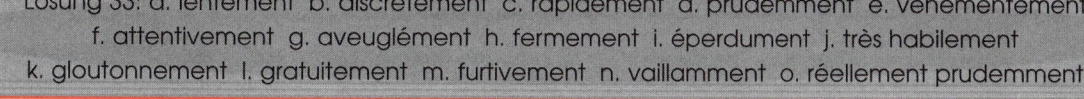

Lösung 33: a. lentement b. discrètement c. rapidement d. prudemment e. véhémentement
f. attentivement g. aveuglément h. fermement i. éperdument j. très habilement
k. gloutonnement l. gratuitement m. furtivement n. vaillamment o. réellement prudemment

33. ADVERBES Wie lautet das entsprechende Adverb?

a. Il parle toujours **d'une manière très lente**.

b. Nous devons agir **avec discrétion** pour ne pas être vu.

c. Les lapins courent **d'une manière rapide**.

d. Il travaille à ce projet **d'une façon prudente**.

e. Tu as cette fois-ci agi **avec véhémence**.

f. Cet enfant écoute l'instituteur **avec attention.**

g. Il le suit dans ces faits et gestes **d'une manière aveugle**.

h. Ce professeur parle **avec fermeté** aux étudiants.

i. Elle est **de façon éperdue** amoureuse de cette ville.

j. Il dessine depuis son enfance **d'une manière très habile**.

k. Ces animaux mangent **avec gloutonnerie**.

l. Nous participons à cette action **sans être payé**.

m. Il est passé hier à la maison **de façon** plutôt **furtive**.

n. Ce guerrier a combattu **avec vaillance.**

o. Elle avance sur ce chemin **avec une réelle prudence**.

a. J'ai fait _ _ _ _ _ _ _ _ études _ _ _ _ _ _ _ _ médecine.

b. Je suis donc maintenant _ _ _ _ _ _ _ _ médecin.

c. _ _ _ _ _ _ _ _ Paris est souvent considéré comme _ _ _ _ _ _ _ _ centre _ _ _ _ _ _ _ _ France.

d. C'est _ _ _ _ _ _ _ _ femme très intelligente qui a beaucoup _ _ _ _ _ _ _ _ succès.

e. Depuis cet événement, je suis emplie _ _ _ _ _ _ _ _ peur incontrôlable.

f. Il est souvent conseillé de ne pas perdre _ _ _ _ _ _ _ _ patience.

g. Cet enfant a _ _ _ _ _ _ _ _ yeux de _ _ _ _ _ _ _ _ père.

h. Ma grand-mère boit un verre _ _ _ _ _ _ _ _ vin par jour.

i. Il s'est cassé _ _ _ _ _ _ _ _ jambe en faisant du ski.

j. Nous avons acheté _ _ _ _ _ _ _ _ téléphone portable.

k. Lille est _ _ _ _ _ _ _ _ ville importante _ _ _ _ _ _ _ _ Nord de _ _ _ _ _ _ _ _ France.

l. _ _ _ _ _ _ _ _ France est _ _ _ _ _ _ _ _ pays touristique.

m. C'est _ _ _ _ _ _ _ _ livre _ _ _ _ _ _ _ _ grammaire allemande.

n. Malheureusement, il ne sort jamais sans _ _ _ _ _ _ _ _ cigarette.

o. Je voudrais acheter deux kilos _ _ _ _ _ _ _ _ pommes rainettes.

Lösung 35: a. Où vas-tu tous les week-ends de Juillet? b. Qu'a lu Paul?
c. Combien d'enfants a ma voisine? d. A qui penses-tu souvent?
e. Par quoi avons-nous été séparé? f. Qu'est-ce que petit? g. Que regardait Anne?

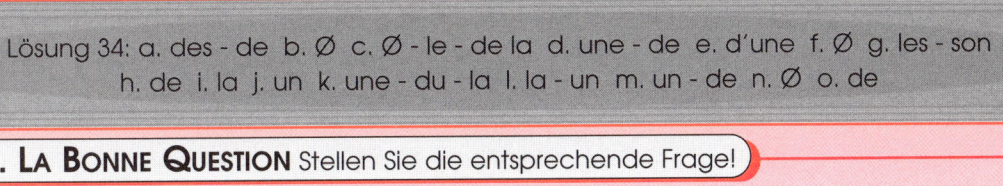

35. LA BONNE QUESTION Stellen Sie die entsprechende Frage!

a. Tu vas à la mer tous les week-ends de Juillet.

----

b. Paul a lu un roman policier passionnant.

----

c. Ma voisine a cinq enfants.

----

d. Tu penses souvent à ma grand-mère.

----

e. Nous avons été séparé par un événement inattendu.

----

f. Petit est le contraire de grand.

----

g. Anne regardait le chat jouant dans le jardin.

----

36. PASSANT EN PASSANT Setzen Sie das Partizip I oder das Gerundium ein!

a, Je repasse _ _ _ _ _ _ _ _ la télévision.

b, Toute personne _ _ _ _ en possession de tickets peuvent entrer.

c, Elle pleurait _ _ _ _ _ _ _ _ cette histoire.

d, Téléphoner _ _ _ _ _ _ _ _ est interdit en France.

e, Tout _ _ _ _ _ _ _ _ ce projet, je pensais déjà au prochain.

f, Il n'est pas venu tout _ _ _ _ _ _ _ _ que je l'attendais.

g, Les enfants se disputent souvent _ _ _ _ _ _ _ _ la table.

h, L'entrée à l'IUFM est accessible à tout étudiant _ _ _ _ la Licence.

i, Tout _ _ _ _ _ _ au tableau, l'institutrice donnait des explications.

j, Le _ _ _ _ _ _ _ _, je sais qu'il ne viendra pas à l'heure.

k, Il parle tout _ _ _ _ _ _ _ _.

l, _ _ _ _ _ _ _ _ que je l'observais, il vint à ma rencontre.

m, _ _ _ _ _ _ _ _ à avoir peur, l'enfant se mit à trembler.

n, Tout en me _ _ _ _ la monnaie, la caissière me dit au revoir.

o, Ne _ _ _ _ _ _ pas la solution, je donna ma langue au chat.

- regarder
- être
- raconter
- conduire
- finir
- savoir
- mettre
- avoir
- écrire
- connaître
- manger
- voir
- commencer
- rendre
- deviner

Lösung 37: a. Le temps n'était certes pas ensoleillé mais très chaud. b. Si je ne mange pas de sucrerie, par contre je mange volontiers des chips ou des cacahouètes. c. Je ne veux ni aller là-bas ni rester ici. d. Soit tu étudies soit tu m'aides. e. Je voudrais te rendre visite et vendredi et dimanche. f. Il veut rentrer à la maison car il est fatigué. g. L'enfant voulait continuer à regarder la télévision or il était l'heure d'aller au lit.

Lösung 36: a. en regardant b. étant c. en racontant d. en conduisant e. en finissant
f. en sachant g. en mettant h. ayant i. en écrivant j. connaissant k. en mangeant
l. voyant m. commençant n. rendant o. devinant

37. MAIS - ABER Übersetzen Sie die folgenden Sätze!

a. Das Wetter war zwar nicht sonnig, aber sehr heiß.

----

b. Ich esse zwar keine Süßigkeiten, dagegen esse ich gern Chips oder Nüsse.

----

c. Ich will weder dorthin gehen noch hier bleiben.

----

d. Entweder du lernst oder du hilfst mir.

----

e. Ich möchte dich sowohl am Freitag als auch am Sonntag besuchen.

----

f. Er will heim, denn er ist müde.

----

g. Das Kind wollte noch fernsehen, nun war es aber Zeit ins Bett zu gehen.

----

38. CONJUGAISON Geben Sie die richtigen Formen des Verbs an!

avoir

a. je / passé simple ----------------------------->

b. nous / futur simple ----------------------------->

c. tu / présent du conditionnel ----------------------------->

d. gérondif ----------------------------->

e. vous / plus-que-parfait ----------------------------->

f. ils / présent du subjonctif ----------------------------->

g. il / passé antérieur ----------------------------->

h. vous / passé simple ----------------------------->

i. nous / futur antérieur ----------------------------->

j. tu / plus-que-parfait du subjonctif ----------------------------->

k. 1ère pers. sing. / impératif ----------------------------->

l. vous / imparfait ----------------------------->

m. tu / passé composé ----------------------------->

n. ils / futur antérieur ----------------------------->

Lösung 39: a. trois cent quarante cinq mille b. cinq cents c. six cent un
d. vingt sept millions e. trente neuf milliards f. cinquante et un g. mille quatre cents

Lösung 38: a. j'eus b. aurons c. aurais d. en ayant e. aviez eu f. aient g. eut eu
h. eûtes i. aurons eu j. eusses k. aie l. aviez m. as eu n. auront eu

39. UN DEUX TROIS Schreiben Sie die Zahlwörter aus!

a. 345 000

b. 500

c. 601

d. 27 000 000

e. 39 000 000 000

f. 51

g. 1400

a. _ _ _ _ _ _ _ _ n'est venu me rendre visite à l'hôpital.

b. J'ai mangé _ _ _ _ _ _ _ _ de pas frais.

c. As-tu beaucoup de livres d'E. Zola? Non, _ _ _ _ _ _ _ _.

d. _ _ _ _ _ _ _ _ y va?

e. Ils ont _ _ _ _ _ _ _ _ vu le même film.

f. Regrettez-vous ce que vous avez fait? Non, nous ne regrettons _ _ _ _ _ _ _ _.

g. _ _ _ _ _ _ _ _ de ces ordinateurs ne sont pas en état de marche.

h. Sont-ce tes jouets? Oui, ce sont _ _ _ _ _ _ _ _ les miens.

i. Ce spectacle plaît à _ _ _ _ _ _ _ _ ceux qu'ils l'ont vu.

j. Ce film ne peut pas être vu par _ _ _ _ _ _ _ _.

k. Il a _ _ _ _ _ _ _ _ mangé.

l. Y a-t-il d'intéressant ce soir à la télévision? Non, _ _ _ _ _ _ _ _.

m. _ _ _ _ _ _ _ _ des enfants a fait un cadeau pour l'institutrice.

n. Connais-tu les amis de mon frère? Oui, je les connais _ _ _ _ _ _ _ _.

o. As-tu pris des photos de ce monument? Non, _ _ _ _ _ _ _ _.

Lösung 41: a. suis b. avons c. a d. a e. est f. est g. as h. est i. a j. avez
k. a l. as m. avons n. ont o. ont

Lösung 40: a. personne b. quelque chose c. pas un seul d. on e. tous f. rien
g. quelques-uns h. tous i. tous j. tout le monde/tous k. tout l. rien m. chacun
n. tous o. pas une seule/aucune

41. ETRE OU AVOIR Wie lautet das richtige Hilfsverb?

a. Je _ _ _ _ _ _ _ _ resté longtemps en Angleterre.

b. Hier, nous _ _ _ _ _ _ _ _ discuté pendant une heure.

c. Mon frère _ _ _ _ _ _ _ _ beaucoup grandi entre 14 et 16 ans.

d. Son fils _ _ _ _ _ _ _ _ pleuré toute la nuit.

e. Jacques _ _ _ _ _ _ _ _ venu passer quelques jours à la maison.

f. Johannes _ _ _ _ _ _ _ _ descendu de deux étages.

g. Avant-hier, tu _ _ _ _ _ _ _ _ bu trop d'alcool.

h. Ma grand-mère n' _ _ _ _ _ _ _ _ jamais sortie de France.

i. Il _ _ _ _ _ _ _ _ été malade tout le mois dernier.

j. Vous _ _ _ _ _ _ _ _ malencontreusement ouvert le courrier des voisins.

k. Monet _ _ _ _ _ _ _ _ peint de nombreux tableaux.

l. _ _ _ _ _ _ _ _ - tu tinis ton dessert?

m. Nous _ _ _ _ _ _ _ _ eu une mauvaise note en histoire.

n. De peur, elles _ _ _ _ _ _ _ _ couru aussi vite qu'elles le purent.

o. Ils _ _ _ _ _ _ _ _ brûlé un feu rouge.

42. QUESTION Stellen Sie die entsprechende Frage!

a. Je pars en voyage **dans une semaine**.

----

b. Cette personne souffre **de claustrophobie**.

----

c. Le tube à essai est bouché **par un bouchon de liège**.

----

d. **L'Isar** est un fleuve qui coule à Munich.

----

e. La Thaïlande se trouve **dans la partie orientale du monde**.

----

f. Les personnes âgées ont souvent besoin **de lunettes** pour lire.

----

g. L'enfant a rêvé **qu'il était pilote de chasse**.

Lösung 43: a. celui-là b. celle-ci - celle-là c. ceux d. celui-ci e. celle f. celles-là
g. ceux h. celui i. ceux j. ceux k. celles l. celui-ci - celui-là m. celles-là
n. celle o. celles-ci - celles-là

43. CELUI, CELLE, CELUI-CI, CELLE-CI Wie lautet das Demonstrativpronomen?

a. Je ne veux pas écouter ce disque-ci mais _ _ _ _ _ _ _ _ je veux bien.

b. Quelle robe veux-tu? _ _ _ _ _ _ _ _ ou _ _ _ _ _ _ _ _?

c. Les habitants d'un village sont moins stressés que _ _ _ _ _ _ _ _ d'une ville.

d. Je préfère ce pull-là à _ _ _ _ _ _ _ _ .

e. L'épouse de mon cousin vient d'Italie, _ _ _ _ _ _ _ _ de mon frère d'Irlande.

f. Ces assiettes-ci ne me plaisent pas mais _ _ _ _ _ _ _ _ oui.

g. Je joins mes voeux à _ _ _ _ _ _ _ _ de mes parents.

h. Ce livre est plus intéressant que _ _ _ _ _ _ _ _ lu par mon père.

i. Les restaurants de cette rue ne sont pas excellents mais _ _ _ _ _ _ _ _ là-bas le sont.

j. Mes gâteaux sont toujours moins réussis que _ _ _ _ _ _ _ _ de ma grand-mère.

k. Il aime particulièrement les pièces de Molière, elle _ _ _ _ _ _ _ _ de Gide.

l. Ces plats sont différents: _ _ _ _ _ _ _ _ est plutôt amer, _ _ _ _ _ _ _ _ plutôt salé.

m. Ces maisons-ci ont été construites par un architecte au contraire de _ _ _ _ _ _ _ _ .

n. J'ai aussi proposé une solution mais il a préféré _ _ _ _ _ _ _ _ de mon collègue.

o. Quelles boucles d'oreilles souhaites-tu pour ton anniversaire? _ _ _ _ _ _ _ _ ou _ _ _ _ _ _ .

44. COMPLÉTEZ Vervollständigen Sie die Sätze!

a. Je crois que je commence _ _ _ _ _ _ _ _ comprendre.

b. _ _ _ _ _ _ _ _ te rendre à son bureau, il faut passer _ _ _ _ _ _ _ _ là.

c. Est-il apte _ _ _ _ _ _ _ _ passer son permis de conduire?

d. Cette comédie est _ _ _ _ _ _ _ _ mourir de rire.

e. Au lieu _ _ _ _ _ _ _ _ rester là _ _ _ _ _ _ _ _ ne rien faire, viens m'aider!

f. Il va prendre des cours d'anglais _ _ _ _ _ _ _ _ d'aller en Irlande.

g. Dans beaucoup de restaurants, il est maintenant interdit _ _ _ _ _ _ _ _ fumer.

h. _ _ _ _ _ _ _ _ mieux travailler, j'ai éteint la télévision.

i. Elle a fini _ _ _ _ _ _ _ _ lui pardonner.

j. Je partirais à condition _ _ _ _ _ _ _ trouver quelqu'un _ _ _ _ _ _ _ s'occuper des enfants.

k. Etes-vous prêt _ _ _ _ _ _ _ _ partir?

l. _ _ _ _ _ _ _ _ avoir mangé, il faut se laver les dents.

m. Il m'a encouragé _ _ _ _ _ _ _ _ continuer mes efforts.

n. Elle a répondu vite _ _ _ _ _ _ _ _ réfléchir.

o. Paul passait son temps _ _ _ _ _ _ _ _ lire les journaux.

Lösung 45: a. Les animaux purent prendre la fuite devant la forêt en feu. b. Ces timbres-poste proviennent d'Indonésie. c. Les oeufs que tu as utilisés n'étaient pas frais. d. Les faux bruits se répandirent à toute vitesse. e. Mes petits-fils voulurent m'accompagner. f. Elles firent réparer leurs bijoux. g. Les auberges de jeunesse ont été fermées sur ma décision.

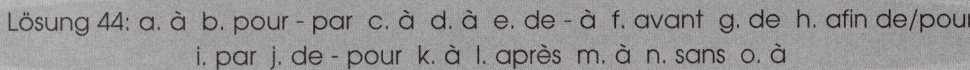

45. LE PLURIEL Schreiben Sie die Sätze im Plural!

a, L'animal put prendre la fuite devant la forêt en feu.

----

b, Ce timbre-poste provient d'Indonésie.

----

c, L'oeuf que tu as utilisé n'était pas frais.

----

d, Le faux bruit se répandit à toute vitesse.

----

e, Mon petit-fils voulut m'accompagner.

----

f, Elle fit réparer son bijou.

----

g, L'auberge de jeunesse a été fermée sur ma décision.

----

46. DEMAIN, IL SERA... Wie lautet die Zukunftsform?

a. Demain, nous _ _ _ _ _ _ _ _ chez notre tante.
b. Pour la semaine prochaine, vous _ _ _ _ _ _ _ _ l'exercice trois.
c. Je ne _ _ _ _ _ _ _ _ plus.
d. Ils _ _ _ _ _ _ _ _ leur livre plus tard.
e. Olivier _ _ _ _ _ _ _ _ sa voiture seulement le mois plus tard.
f. La poste _ _ _ _ _ _ _ _ fermée pour plusieurs jours.
g. Son chat _ _ _ _ _ _ _ _ sûrement le concours de beauté.
h. Il _ _ _ _ _ _ _ _ son concours cette année.
i. L'auteur _ _ _ _ _ _ _ _ son prochain livre bientôt.
j. Elles _ _ _ _ _ _ _ _ également lui rendre visite.
k. Je te _ _ _ _ _ _ _ _ prochainement.
l. Ce coureur ne _ _ _ _ _ _ _ plus longtemps.
m. Ils ne _ _ _ _ _ _ _ _ plus si je leur donne un bonbon.
n. Nous _ _ _ _ _ _ _ _ nos exercices après le dîner.
o. Elle _ _ _ _ _ _ _ _ rendre visite à sa grand-mère.

- aller
- faire
- travailler
- acheter
- vendre
- être
- gagner
- obtenir
- écrire
- vouloir
- téléphoner
- tenir
- pleurer
- finir
- devoir

Lösung 47: a. De nos jours, prendre l'avion n'est pas beaucoup plus cher que de prendre le train.
b. Ses résultats s'améliorent de jours en jours. c. Ce plat n'est pas plus mauvais que l'autre.
d. Elle pense que les meilleurs fromages sont les fromages français. e. Le TGV est le train le plus rapide de France. f. Elle devient de plus en plus belle. g. Elle est tout aussi rapide que son frère.

47. COMPARONS DONC! Übersetzen Sie die folgenden Sätze!

a. Fliegen ist heutzutage nicht viel teurer als mit der Bahn zu fahren.

----

b. Seine Ergebnisse werden von Tag zu Tag besser.

----

c. Dieses Gericht ist nicht viel schlechter als das Andere.

----

d. Sie denkt, dass der beste Käse aus Frankreich kommt.

----

e. Der TGV ist der schnellste Zug Frankreichs.

----

f. Sie wird immer hübscher.

----

g. Sie ist genauso schnell wie ihr Bruder.

----

48. CONJUGAISON Geben Sie die richtige Form des Verbs an!

être

a. tu / passé simple ----->
b. vous / présent du subjonctif ----->
c. 1ère pers. sing. / impératif ----->
d. ils / futur simple ----->
e. nous / plus-que-parfait ----->
f. il / imparfait du subjonctif ----->
g. vous / passé antérieur ----->
h. je / présent du conditionnel ----->
i. il / passé simple ----->
j. tu / passé du conditionnel ----->
k. ils / passé du subjonctif ----->
l. 2e pers. plur. / impératif ----->
m. tu / imparfait ----->
n. je / futur simple ----->

Lösung 49: a. des b. des c. d' d. de e. d' f. de g. des h. de i. de j. d' - des
k. de l. d' m. de n. des o. de

Lösung 48: a. fus b. soyez c. sois d. seront e. avions été f. fût g. eûtes été
h. serais i. fut j. aurais été k. aient été l. soyons m. étais n. serai

49. DES, DE OU D' Wie lautet die richtige Antwort?

a. *Les contes _ _ _ _ _ _ _ _ Frères Grimm sont connus dans le monde entier.*

b. *Il revient justement _ _ _ _ _ _ _ _ Etats-Unis.*

c. *Pouvez-vous me montrer _ _ _ _ _ _ _ _ autres modèles.*

d. *Je n'ai pas envie _ _ _ _ _ _ _ _ le voir ce soir.*

e. *Il est fatigué _ _ _ _ _ _ _ _ avoir couru.*

f. *Ce sont _ _ _ _ _ _ _ _ beaux enfants.*

g. *Il raconte toujours _ _ _ _ _ _ _ _ histoires étranges.*

h. *Combien _ _ _ _ _ _ _ _ morceaux as-tu déjà mangé?*

i. *C'est une voiture _ _ _ _ _ _ _ _ tout premier ordre.*

j. *Les Pyramides _ _ _ _ _ _ _ _ Egypte sont _ _ _ _ _ _ _ _ lieux très visités.*

k. *Nous avons _ _ _ _ _ _ _ _ nouveaux voisins.*

l. *_ _ _ _ _ _ _ _ après lui, il a toujours raison.*

m. *_ _ _ _ _ _ _ _ quoi parles-tu?*

n. *Ils se sont comportés comme _ _ _ _ _ _ _ _ brutes.*

o. *Il a obtenu _ _ _ _ _ _ _ _ bons résultats cette année.*

50. ALLONS-Y! Bilden Sie die Befehlsform!

a. ne pas s'inquiéter / 2e pers. sing. ------------------ ⌐--->

b. venir ici / 2e pers. sing. ------------------ ⌐--->

c. me faire confiance / 2e pers. plur. ------------------ ⌐--->

d. se regarder / 1ère pers. plur. ------------------ ⌐--->

e. aller vite à l'école / 2e pers. sing. ------------------ ⌐--->

f. s'asseoir / 1ère pers. plur. ------------------ ⌐--->

g. vouloir patienter / 2e pers. plur. ------------------ ⌐--->

h. être à l'heure / 1ère pers. plur. ------------------ ⌐--->

i. avoir l'obligeance / 1ère pers. plur. ------------------ ⌐--->

j. se dépêcher / 1ère pers. plur. ------------------ ⌐--->

k. prendre le temps de vivre / 2e pers. plur. ------------------ ⌐--->

l. être heureux / 2e pers. plur. ------------------ ⌐--->

m. savoir / 1ère pers. plur. ------------------ ⌐--->

n. ne pas perdre courage / 1ère pers. plur. ------------------ ⌐--->

o. être tranquille / 2e pers. sing. ------------------ ⌐--->

Lösung 51: a. eu ayant b. été étant c. dormi dormant d. découvert découvrant
e. connu connaissant f. vécu vivant g. dîné dînant h. fallu Ø i. pris prenant j. craint craignant
k. conduit conduisant l. souffert souffrant m. fait faisant n. dû/due devant o. mis mettant

51. PRONOMS RELATIFS Wählen Sie die richtigen Relativpronomen aus!

a. Cette femme m'a demandé _ _ _ _ se trouvait la gendarmerie.

b. C'est un reproche _ _ _ _ j'ai souvent entendu.

c. Il ne nous a rien dit _ _ _ _ nous ne savions déjà.

d. Nous avons des amis _ _ _ _ déménagent tous les trois ans.

e. Je ne sais plus _ _ _ _ ma sœur a fait ses études.

f. Je n'ai pas encore vu le film _ _ _ _ les journalistes sont en train de parler.

g. Je n'aime pas la tournure _ _ _ _ prennent les événements.

h. Je n'apprécie pas la façon _ _ _ _ il nous a reçus.

i. Ce _ _ _ _ me plaît chez elle, c'est sa gentillesse.

j. Les vestiges _ _ _ _ les archéologues ont mis à jour datent du Moyen-Age.

k. Je dois absolument être présente à cette réunion, faute de _ _ _ _ je serai renvoyée.

l. L'agence de voyages _ _ _ _ je t'avais conseillée n'existe plus.

m. Elle a quatre enfants _ _ _ _ elle est très fière.

n. La loi _ _ _ _ les ministres ont votée risque de ne pas être appréciée par tous.

o. Le chien _ _ _ _ a mordu notre fille n'était pas vacciné contre la rage.

a. Combien coûte un _ _ _ _ _ _ de bus, s'il vous plaît?

b. Les enfants jouent dans le _ _ _ _ _ _ en bas de l'immeuble.

c. La chaudière fonctionne au _ _ _ _ _ _.

d. Pour leurs vacances, ils ont loué un _ _ _ _ _ _.

e. Il s'est aménagé sa chambre sur la _ _ _ _ _ _.

f. Les murs sont couverts de _ _ _ _ _ _.

g. Nous t'avons commandé un _ _ _ _ _ _ de bière.

h. J'ai fait cuire des _ _ _ _ _ _ à la vapeur.

i. En ce moment, il travaille un _ _ _ _ _ _ pour violon.

j. Elle souffre d'un _ _ _ _ _ _ physique.

k. Le _ _ _ _ _ _ téléphonique est toujours surchargé.

l. Cet acteur refuse presque tous les _ _ _ _ _ _ qui lui sont proposés.

m. Les _ _ _ _ _ _ et les serpentins rendaient la fête encore plus gaie.

n. Il fait son travail en _ _ _ _ _ _.

o. Le _ _ _ _ _ _ peut se boire avec ou sans glaçons.

mezzanine
bock
scénarios
standard
handicap
fuel
dilettante
camping-car
ticket
confettis
whisky
square
graffitis
brocolis
concerto

Lösung 53: a. dans b. sur c. dans d. à e. sur f. sur g. dans h. à i. sur j. à k. dans
l. à m. dans n. sur o. sur

Lösung 52: a. ticket b. square c. fuel d. camping-car e. mezzanine f. graffitis
g. bock h. brocolis i. concerto j. handicap k. standard l. scénarios m. confettis
n. dilettante o. whisky

53. A, DANS, SUR Welche Präposition ist richtig?

a. Nous nous sommes retrouvés _ _ _ _ _ _ le train.

b. Sa voiture a dérapé _ _ _ _ _ _ une plaque de verglas.

c. Nous dormirons _ _ _ _ _ _ une auberge de jeunesse.

d. Ce bruit me donne mal _ _ _ _ _ _ la tête.

e. Elle a préparé un exposé _ _ _ _ _ _ la Patagonie.

f. Des brocanteurs se sont installés _ _ _ _ _ _ la place du marché.

g. Il est toujours plongé _ _ _ _ _ _ ses pensées.

h. Un ballon flottait _ _ _ _ _ _ la surface de l'eau.

i. Ils sont partis _ _ _ _ _ _ un coup de tête.

j. Ce journaliste présente le journal _ _ _ _ _ _ la télévision.

k. Nous avons jeté tous les vieux journaux _ _ _ _ _ _ le feu.

l. Elle a parcouru dix kilomètres _ _ _ _ _ _ pied.

m. Etes-vous libres _ _ _ _ _ _ quinze jours?

n. La police s'est rendue _ _ _ _ _ _ les lieux de la tragédie.

o. En marchant _ _ _ _ _ _ la pointe des pieds, tu ne les réveilleras pas.

54. ADVERBES   Ergänzen Sie die Sätze mit dem richtigen Adverb!

a. Elle conduit toujours très _ _ _ _ _ _ _ _ lorsqu'il y a du brouillard.   **ardemment**

b. Veuillez nous retourner le formulaire ci-joint _ _ _ _ _ _ _ _ rempli.   **décemment**

c. Il était habillé très _ _ _ _ _ _ _ _ lors de la soirée de gala.   **rapidement**

d. Ils ont _ _ _ _ _ _ _ _ raté leur train, je ne les vois pas.   **tellement**

e. Il a claqué la porte _ _ _ _ _ _ _ _ en rentrant.   **prudemment**

f. Je devrais avoir terminé cette traduction _ _ _ _ _ _ _ _ sous peu.   **correctement**

g. Elle désire _ _ _ _ _ _ _ _ partir aux Etats-Unis.   **délibérément**

h. Si nous voulons avoir une réponse, nous devons agir _ _ _ _ _ _ _ _.   **récemment**

i. Il est _ _ _ _ _ _ _ _ amoureux de cette fille.   **incessamment**

j. Les enfants ont _ _ _ _ _ _ _ _ insisté que j'ai fini par céder.   **élégamment**

k. Je ne pouvais _ _ _ _ _ _ _ _ pas partir avant la fin du spectacle.   **éperdument**

l. L'élève a répondu _ _ _ _ _ _ _ _ à toutes les questions du professeur.   **probablement**

m. Elle a _ _ _ _ _ _ _ _ renoncé à poursuivre ses études.   **dûment**

n. Nous avons eu quelques problèmes avec notre aîné _ _ _ _ _ _ _ _.   **violemment**

o. Ta fille a fait tous ses devoirs très _ _ _ _ _ _ _ _.   **différemment**

Lösung 55: a. falsch b. falsch c. richtig d. falsch e. richtig f. falsch g. falsch h. richtig
i. falsch j. richtig k. richtig l. falsch m. falsch n. richtig o. falsch

Lösung 54: a. prudemment b. dûment c. élégamment d. probablement e. violemment
f. incessamment g. ardemment h. différemment i. éperdument j. tellement k. décemment
l. correctement m. délibérément n. récemment o. rapidement

55. VRAI OU FAUX Richtig oder falsch?

a. Le gin est une boisson sans alcool. richtig —— falsch

b. Le Tour de France a toujours lieu en hiver. richtig —— falsch

c. Le cobra est un serpent venimeux. richtig —— falsch

d. Le Chili est un pays africain. richtig —— falsch

e. L'amanite tue-mouche est un champignon. richtig —— falsch

f. L'Allemagne est un royaume. richtig —— falsch

g. Pour faire de l'alpinisme, il faut être en tutu. richtig —— falsch

h. La cannelle est une substance aromatique. richtig —— falsch

i. Le flibustier est un arbre. richtig —— falsch

j. Noël se fête en décembre. richtig —— falsch

k. Un passe-partout permet d'ouvrir plusieurs serrures. richtig —— falsch

l. Le Japon est un pays désertique. richtig —— falsch

m. Un appareil photo permet d'enregistrer des sons. richtig —— falsch

n. La baleine est un cétacé. richtig —— falsch

o. Dakar est la capitale du Cameroun. richtig —— falsch

a. comprimer
b. pleurer comme
c. se faire l'avocat
d. marcher à pas
e. prendre la clé
f. avoir du temps
g. être à bout
h. revenir sur
i. rêver à
j. tirer
k. repartir
l. défendre
m. renvoyer aux
n. assurer
o. oublier

- calendes grecques
- à zéro
- sa colère
- son opinion
- une Madeleine
- sa révérence
- des jours meilleurs
- du diable
- ses droits
- l'heure
- ses arrières
- des champs
- de forces
- à perdre
- comptés

Lösung 57: a. Nous ne sommes pas allés au spectacle. b. Les freins de cette voiture ne fonctionnent pas parfaitement bien. c. Il ne se pose pas de questions sur son avenir. d. Elle ne va pas s'acheter une voiture d'occasion. e. L'enseignement n'attire pas beaucoup de jeunes. f. Nous ne sommes pas prêts à tout sacrifier pour mener ce projet à bien. g. Finalement, elle n'a pas pu assister à la dernière représentation.

57. FORME NÉGATIVE Schreiben Sie diese Sätze in der negativen Form!

a. Nous sommes allés au spectacle.

----

b. Les freins de cette voiture fonctionnent parfaitement bien.

----

c. Il se pose des questions sur son avenir.

----

d. Elle va s'acheter une voiture d'occasion.

----

e. L'enseignement attire beaucoup de jeunes.

----

f. Nous sommes prêts à tout sacrifier pour mener ce projet à bien.

----

g. Finalement, elle a pu assister à la dernière représentation.

----

58. PASSÉ COMPOSÉ, PRÉSENT, FUTUR Wählen Sie die passende Zeitform!

a, Je n'_ _ _ _ _ _ plus faim.

b, Hier, il _ _ _ _ _ _ _ toute la journée.

c, J'espère que le train _ _ _ _ _ _ _ à l'heure.

d, L'école _ _ _ _ _ _ _ lundi dernier.

e, Je _ _ _ _ _ _ _ mon anniversaire mardi prochain.

f, Je _ _ _ _ _ _ _ fatigué aujourd'hui.

g, Il _ _ _ _ _ _ _ de vacances hier.

h, Ce bus _ _ _ _ _ _ _ tous les jours à 10 heures.

i, Hier, ma mère _ _ _ _ _ _ _ toute la matinée.

j, Je lui _ _ _ _ _ _ _ ce problème dès son retour.

k, Elle _ _ _ _ _ _ _ tous ses romans quand elle était jeune.

l, Mes parents _ _ _ _ _ _ _ en 1970.

m, Je _ _ _ _ _ _ _ une pause dans deux heures.

n, Je ne _ _ _ _ _ _ _ jamais.

o, Je l'_ _ _ _ _ _ _ dès le premier jour.

avoir
pleuvoir
partir
reprendre
fêter
se sentir
rentrer
passer
cuisiner
exposer
lire
se marier
faire
déménager
aimer

Lösung 59: a. leur b. leur c. leur d. leur e. leurs f. leur g. leur h. leurs i. leur j. leur k. leur l. leur m. leur n. leurs o. leurs

59. LEUR OU LEURS? Wie heißt es richtig?

a. Je _ _ _ _ ai rendu beaucoup de services ces derniers temps.

b. Il ne _ _ _ _ a pas encore annoncé qu'il allait se marier.

c. Ils m'ont prêté _ _ _ _ guide sur la Californie pour préparer mon voyage.

d. Les patients attendent _ _ _ _ tour dans la salle d'attente.

e. Connais-tu _ _ _ _ horaires d'ouverture?

f. Il m'a fait faire le tour de _ _ _ _ propriété.

g. Je _ _ _ _ ai offert de boire l'apéritif avec nous.

h. Ils font réviser _ _ _ _ deux voitures tous les 10 000 km.

i. Ils cherchaient _ _ _ _ route, je les ai renseignés.

j. _ _ _ _ mère les a accompagnés à la gare tôt ce matin.

k. La randonnée est _ _ _ _ seul plaisir.

l. Son père _ _ _ _ avait préparé un dîner succulent.

m. Je _ _ _ _ ai indiqué un raccourci.

n. Les enfants n'aiment pas prêter _ _ _ _ affaires.

o. Mon oncle, ma tante et _ _ _ _ trois enfants passent toutes leurs vacances à la mer.

60. HOMMES CÉLÈBRES Welchen Beruf übten diese Berümtheiten aus?

a. Herbert von Karajan était un _ _ _ _ _ _ autrichien.

b. Ingmar Bergman était un _ _ _ _ _ _ suédois.

c. Vincent Van Gogh était un _ _ _ _ _ _ néerlandais.

d. Maria Callas était une _ _ _ _ _ _ grecque.

e. Elisabeth II est la _ _ _ _ _ _ d'Angleterre.

f. George Washington fut le premier _ _ _ _ _ _ des Etats-Unis.

g. Johann Wolfgang von Goethe fut un grand _ _ _ _ _ _ allemand.

h. Le _ _ _ _ _ _ suisse Henri Dunant est à l'origine de la Croix-Rouge.

i. Le _ _ _ _ _ _ Christophe Colomb était d'origine italienne.

j. Michael Jordan est un célèbre _ _ _ _ _ _ américain.

k. Antoine de Saint-Exupéry était écrivain et _ _ _ _ _ _.

l. La carrière de l'_ _ _ _ _ _ américain James Dean fut très brève.

m. Le _ _ _ _ _ _ Louis Armstrong était aussi chanteur de jazz.

n. L'_ _ _ _ _ _ autrichien Stefan Zweig finit sa vie au Brésil.

o. L'_ _ _ _ _ _ sud-africain Nelson Mandela a passé des années en prison.

aviateur
cantatrice
essayiste
joueur de basket
écrivain
trompettiste
chef d'orchestre
peintre
homme politique
reine
président
navigateur
philanthrope
réalisateur
acteur

Lösung 61: a. ... donne-lui le bonjour de ma part. b. ... le paysage sera complètement défiguré. c. nous pourrons emprunter pour acheter. d. ... donne-leur un esquimau. e. ... les billets nous seront remboursés. f. ... nous allons bientôt être inondés. g. ... appelle le service des urgences. h. ... nous irons faire du cerf-volant. i. ... vous serez radié de nos listes. j. ... nous repousserons notre départ. k. ... achète du vin pour ce soir. l. ... vous recevrez votre commande demain. m. ... n'hésitez pas à ajouter du sel et du poivre. n. ... il doit réviser ses leçons chaque jour. o. ... les travaux commenceront rapidement.

Lösung 60: a. chef d'orchestre b. réalisateur c. peintre d. cantatrice e. reine f. président
g. écrivain h. philanthrope i. navigateur j. joueur de basket k. aviateur l. acteur
m. trompettiste n. essayiste o. homme politique

61. MOITIÉ-MOITIÉ Wie heißen diese Sätze vollständig?

a. Si tu vois ta sœur,

b. Si ce pont est construit dans la vallée,

c. Si la banque accepte notre dossier,

d. Si les enfants réclament un goûter,

e. Si le spectacle est annulé,

f. Si le robinet continue de fuir,

g. Si le médecin n'arrive pas,

h. S'il y a du vent ce week-end,

i. Si vous ne réglez pas votre cotisation,

j. Si les routes sont trop chargées,

k. Si le supermarché est ouvert,

l. Si vous réglez tout de suite,

m. Si ce plat n'est pas assez assaisonné,

n. S'il veut obtenir de meilleures notes,

o. Si la ravalement de la façade est voté,

nous pourrons emprunter pour acheter.

appelle le service des urgences.

nous allons bientôt être inondés.

il doit réviser ses leçons chaque jour.

n'hésitez pas à ajouter du sel et du poivre.

nous repousserons notre départ.

achète du vin pour ce soir.

vous recevrez votre commande demain.

donne-lui le bonjour de ma part.

donne-leur un esquimau.

les travaux commenceront rapidement.

le paysage sera complètement défiguré.

vous serez radié de nos listes.

les billets nous seront remboursés.

nous irons faire du cerf-volant.

62. POSTER UNE LETTRE Setzen Sie die Wörter sinnvoll in die Lücken!

affranchir, collection, tarif, mandat, destination, carnet, heures, noté, rendez-vous, paquet, formulaire, compte, peser, économique, lettres

Vous: Bonjour. J'ai deux (a) _ _ _ _ _ _ _ _ _ _ et un (b) _ _ _ _ _ _ _ _ _ _ à envoyer.
Le postier: Oui. Donnez-les moi. Je vais les (c) _ _ _ _ _ _ _ _ _ _.
Vous: Voilà. En fait, tout ce courrier est à (d) _ _ _ _ _ _ _ _ _ _ du Canada.
Le postier: D'accord, mais ce ne sera pas le même (e) _ _ _ _ _ _ _ _ _ _.
Vous: Est-ce qu'il existe une formule (f) _ _ _ _ _ _ _ _ _ _?
Le postier: Oui, bien sûr... Voulez-vous des timbres de (g) _ _ _ _ _ _ _ _ _ _?
Vous: Oui, si vous en avez.
Le postier: Avez-vous autre chose à (h) _ _ _ _ _ _ _ _ _ _?
Vous: Non. Mais j'ai également besoin d'un (i) _ _ _ _ _ de timbres. Et je voudrais aussi envoyer un (j) _ _ _ _ _.
Le postier: Dans ce cas, veuillez remplir ce (k) _ _ _ _ _ _ _ _ _ _ s'il vous plaît.
Vous: Merci. Une dernière chose encore: je souhaite ouvrir un (l) _ _ _ _ _ _ _ _ _ _ à la Poste.
Le postier: Aucun problème. Vous devez simplement prendre (m) _ _ _ _ _ _ _ _ _ _ avec notre conseiller. Quand êtes-vous libre?
Vous: Tout le temps. Lundi, par exemple.
Le postier: Lundi à 11 (n) _ _ _ _ _ _ _ _ _ _, si vous voulez.
Vous: C'est (o) _ _ _ _ _ _ _ _ _ _. Alors, à lundi!

Lösung 63: a. 2 b. 3 c. 3 d. 1 e. 2 f. 1

Lösung 62: a. lettres b. paquet c. peser d. destination e. tarif f. économique g. collection h. affranchir i. carnet j. mandat k. formulaire l. compte m. rendez-vous n. heures o. noté

63. POUR BIEN FAIRE... Was bedeuten folgende Redewendungen?

a. *Tu fais fausse route.*

1. ⌣ Tu réaliseras ton objectif.
2. ⌣ Tu te trompes.
3. ⌣ Tu as le sens de l'orientation.

b. *Elle se fait du mauvais sang à ton sujet.*

1. ⌣ Elle sait que tu réussiras dans la vie.
2. ⌣ Elle a donné du sang pour toi.
3. ⌣ Elle s'inquiète pour toi.

c. *Les enfants lui font des misères sans arrêt.*

1. ⌣ Ils la laissent tranquille.
2. ⌣ Ils l'accueillent toujours avec joie.
3. ⌣ Ils la taquinent tout le temps.

d. *Cette blessure lui fait mal.*

1. ⌣ Il souffre de cette blessure.
2. ⌣ Il ne sent pas cette blessure.
3. ⌣ Cette blessure est indolore.

e. *Petit à petit, l'oiseau fait son nid.*

1. ⌣ L'oiseau n'aime pas son nid.
2. ⌣ Les choses se font progressivement.
3. ⌣ L'oiseau niche sous le toit.

f. *Son entreprise a fait faillite l'an dernier.*

1. ⌣ Elle a déposé son bilan l'an dernier.
2. ⌣ Elle a été inaugurée l'an dernier.
3. ⌣ Elle a été bénéficiaire l'an dernier.

64. IMPÉRATIF Wie lauten die Verben in der Imperativform?

a. N'_ _ _ _ _ _ _ pas d'aller chercher ta fille à l'école.   **oublier**

b. _ _ _ _ _ _ _ patients les enfants, le spectacle va bientôt commencer.   **être**

c. _ _ _ _ _ _ _ donc du thé à tes amis.   **servir**

d. Ne te _ _ _ _ _ _ pas de souci pour tes affaires, nous les prendrons.   **faire**

e. _ _ _ _ _ _ _ donc ce que j'ai à te dire.   **écouter**

f. _ _ _ _ _ _ _ _, nous verrons mieux ce qui se passe.   **s'approcher**

g. _ _ _ _ _ _ _-moi s'il te plaît, j'arrive.   **attendre**

h. _ _ _ _ _ _ _ ta soupe et va au lit!   **manger**

i. _ _ _ _ _ _ _ vite si tu ne veux pas le voir!   **se sauver**

j. Ne _ _ _ _ _ _ _ pas partout, les enfants.   **courir**

k. _ _ _ _ _ _ _-moi tout, je vous écoute.   **dire**

l. _ _ _ _ _ _ _, on ne comprend pas ce que tu dis.   **articuler**

m. _ _ _ _ _ _ _ bien avec tes copains, mon chéri.   **s'amuser**

n. Si tu l'aimes, _ _ _ _ _ _ _-le.   **épouser**

o. _ _ _ _ _ _ _, nous allons être en retard.   **se dépêcher**

Lösung 65: a. cette b. cet c. ce d. cette e. ces f. cette g. ce h. ce i. cet j. ce k. cette l. cet m. ces n. cette o. cette

Lösung 64: a. oublie b. soyez c. sers d. fais e. écoute f. approchons-nous g. attends
h. mange i. sauve-toi j. courez k. dites l. articule m. amuse-toi n. épouse
o. dépêchons-nous

65. CE, CES, CET, CETTE Setzen Sie das passende Demonstrativpronomen ein!

a. Nous avons visité Grenade ; _ _ _ _ _ _ _ ville est magnifique!

b. A qui est _ _ _ _ _ _ _ anorak qui traîne dans l'entrée?

c. J'ai trouvé _ _ _ _ _ _ _ test très difficile.

d. Qui est _ _ _ _ _ _ _ personne que tu as saluée?

e. Pourquoi _ _ _ _ _ _ _ patients n'attendent-ils pas dans la salle d'attente?

f. Quelle est _ _ _ _ _ _ _ odeur qui chatouille mes narines?

g. Où se trouve _ _ _ _ _ _ _ musée dont tu m'as tant parlé?

h. Attention, il est méchant _ _ _ _ _ _ _ chien!

i. Nous ne sommes pas partis au ski _ _ _ _ _ _ _ hiver.

j. _ _ _ _ _ _ _ paysage me rappelle la Bretagne.

k. A qui appartient _ _ _ _ _ _ _ veste rouge?

l. Il est insupportable _ _ _ _ _ _ _ enfant!

m. Où _ _ _ _ _ _ _ gens courent-ils donc?

n. Pourquoi _ _ _ _ _ _ _ navette ne circule-t-elle pas aujourd'hui?

o. Qui t'a parlé de _ _ _ _ _ _ _ manifestation?

66. ADVERBES Ergänzen Sie die Sätze mit dem richtigen Adverb!

a. Il avait tellement faim qu'il a mangé sa soupe _ _ _ _ _ _ _.

b. Les enfants ont avoué _ _ _ _ _ _ _ qu'ils avaient fait une bêtise.

c. Elle est partie _ _ _ _ _ _ _ voir sa fille à l'hôpital.

d. Avec l'âge, mon grand-père marche de plus en plus _ _ _ _ _ _ _.

e. Je trouve que cet enfant s'exprime _ _ _ _ _ _ _ pour son âge.

f. J'ai conservé toutes ses lettres bien _ _ _ _ _ _ _.

g. Il s'en est sorti _ _ _ _ _ _ _.

h. Nous avons _ _ _ _ _ _ _ regardé la télévision.

i. Combien de personnes serons-nous _ _ _ _ _ _ _?

j. Il a _ _ _ _ _ _ _ acquis de bonnes méthodes de travail.

k. J'ai tout _ _ _ _ _ _ _ oublié mes clés au bureau.

l. Son professeur l'a interrogé _ _ _ _ _ _ _.

m. Je viens de finir un livre _ _ _ _ _ _ _ ennuyeux.

n. Elle écrit dans son journal _ _ _ _ _ _ _.

o. Il traverse une période difficile _ _ _ _ _ _ _.

exactement
miraculeusement
maladroitement
bêtement
actuellement
prodigieusement
quotidiennement
précipitamment
oralement
goulûment
honteusement
précieusement
sagement
lentement
rapidement

Lösung 67: a. de b. à c. à d. de e. de f. de g. à h. de i. à j. de k. de l. de m. à n. à o. de

Lösung 66: a. goulûment b. honteusement c. précipitamment d. lentement e. maladroitement
f. précieusement g. miraculeusement h. sagement i. exactement j. rapidement k. bêtement
l. oralement m. prodigieusement n. quotidiennement o. actuellement

67. A OU DE Wie heißt es richtig?

a. J'en ai assez _ _ _ _ _ _ _ la pluie.

b. Les spectateurs ont commencé _ _ _ _ _ _ _ arriver vers 19 heures.

c. Il n'arrive pas _ _ _ _ _ _ _ se faire à l'idée qu'il va nous quitter.

d. Méfie-toi _ _ _ _ _ _ _ lui, il ne tient pas toujours parole.

e. J'accepte _ _ _ _ _ _ _ vous accompagner si vous m'invitez.

f. Je te conseille _ _ _ _ _ _ _ garder ton calme.

g. Ils ont inscrit leurs enfants _ _ _ _ _ _ _ l'école.

h. Nous avons fait semblant _ _ _ _ _ _ _ ne pas le voir.

i. Il a toujours tendance _ _ _ _ _ _ _ exagérer la réalité.

j. Elle a été surprise _ _ _ _ _ _ _ les voir arriver.

k. Je leur ai proposé _ _ _ _ _ _ _ les aider pour leur déménagement.

l. Il a réussi a s'acquitter _ _ _ _ _ _ _ toutes ses dettes.

m. Les enfants ne sont pas habitués _ _ _ _ _ _ _ se coucher tard.

n. Cette nouvelle voiture plaît beaucoup _ _ _ _ _ _ _ mes parents.

o. Nous envisageons _ _ _ _ _ _ _ nous installer aux Etats-Unis.

68. UN MOT, PLUSIEURS SENS Was wird hier definiert?

a. A lire... ou pour payer en Grande-Bretagne.
b. Pour se voir... ou à déguster en été.
c. Temps de conjugaison... ou cadeau.
d. Participe passé du verbe être... ou saison.
e. Synonyme de total... ou sieste.
f. A croquer... ou au bout du tuyau de douche.
g. Forte vague... ou pour couper.
h. Dans un livre... ou personne prête à servir.
i. Les œufs de la poule... ou une personne importante.
j. Un type d'alphabet... ou un animal marin.
k. Pour s'appuyer... ou plein de documents.
l. Bruit... ou céréale.
m. Elle permet de parler... ou d'accéder au métro.
n. Adjectif synonyme de prompt... ou cours d'eau.
o. Personne qui dirige... ou modèle pour la couture.

- (un) été
- la (un) ponte
- le (un) morse
- un patron
- une lame
- un (une) livre
- la (une) bouche
- un (du) son
- une glace
- (un) rapide
- une (un) page
- une (un) somme
- le (un) présent
- un dossier
- une pomme

Lösung 69: a. Où ta mère travaille-t-elle? b. De qui ton oncle s'occupe-t-il?
c. Que refusez-vous? d Qui le ministre a-t-il reçu? e. A quelle heure se lève-t-il tous les matins?
f. Où les enfants se sont-ils perdus? g. Qu'as-tu commandé par correspondance?

69. BONNE QUESTION Wie lautet die entsprechende Frage?

a. Ma mère travaille _en banlieue_.

----

b. Mon oncle s'occupe d'_enfants handicapés_.

----

c. Nous refusons _votre offre_.

----

d. Le ministre a reçu _les grévistes_.

----

e. Il se lève tous les matins à _6 heures_.

----

f. Les enfants se sont perdus _dans la forêt_.

----

g. J'ai commandé _des vêtements_ par correspondance.

----

70. EXPRESSIONS ANIMALIÈRES Was wird hier gemeint?

a.   Cette fille est une langue de vipère.

1. ⌣ Elle est toujours très aimable.
2. ⌣ Elle dit du mal de tout le monde.
3. ⌣ Elle est bien élevée.

b.   Elle versait des larmes de crocodile.

1. ⌣ Elle faisait semblant de pleurer.
2. ⌣ La mort du crocodile la rendait triste.
3. ⌣ Elle s'occupait d'un crocodile.

c.   Ils bayaient aux corneilles.

1. ⌣ Ils chassaient la corneille.
2. ⌣ Ils se disputaient.
3. ⌣ Ils rêvassaient.

d.   Mon fils a un appétit d'oiseau.

1. ⌣ Il a un petit appétit.
2. ⌣ Il a un appétit d'ogre.
3. ⌣ Il est boulimique.

e.   Il s'est levé au chant du coq.

1. ⌣ Il a fait la grasse matinée.
2. ⌣ Il ne s'est pas couché.
3. ⌣ Il s'est levé très tôt.

f.   Il est connu comme le loup blanc.

1. ⌣ Tout le monde le connaît.
2. ⌣ Personne ne le connaît.
3. ⌣ Il connaît tout le monde.

Lösung 71: a. aubergines b. chocolat c. avocats d. cerises e. olives f. caramel g. pruneaux
h. tomate i. œuf j. reblochon k. pommes de terre l. morue m. riz n. épinards o. pommes

71. PLAT DU JOUR Welche Zutaten enthalten folgende Gerichte?

a. La moussaka se prépare notamment avec des _ _ _ _ _ _.

b. Ma sœur adore les brownies au _ _ _ _ _ _.

c. Elle a acheté des _ _ _ _ _ _ pour préparer du guacamole.

d. Nous avons ramassé des _ _ _ _ _ _ pour le clafoutis.

e. La tapenade est une spécialité provençale à base d'_ _ _ _ _ _.

f. Les petits adorent le flan au _ _ _ _ _ _.

g. En Bretagne, nous avons mangé un délicieux far aux _ _ _ _ _ _.

h. Je vais préparer une sauce _ _ _ _ _ _ pour la pizza.

i. L'ingrédient de base d'une omelette est l'_ _ _ _ _ _.

j. As-tu pensé au _ _ _ _ _ _ pour la tartiflette?

k. Nous allons écraser les _ _ _ _ _ _ pour le hachis Parmentier.

l. La brandade de _ _ _ _ _ _ est son plat préféré.

m. Le _ _ _ _ _ _ est le principal ingrédient de la salade niçoise.

n. Les _ _ _ _ _ _ se servent souvent avec des œufs mollets.

o. De la compote de _ _ _ _ _ _ sera servie pour le dessert.

cerises
pommes
riz
pommes de terre
chocolat
tomate
avocats
morue
épinards
olives
aubergines
reblochon
pruneaux
caramel
œuf

72. VRAI OU FAUX Sind diese Behauptungen richtig oder falsch?

a. La neige durcit au soleil. _richtig_ — _falsch_

b. Le perron est un escalier qui mène à la cave. _richtig_ — _falsch_

c. Athènes est la capitale de la Grèce. _richtig_ — _falsch_

d. Les martiens sont appelés les petits hommes verts. _richtig_ — _falsch_

e. Un vélo ne peut pas fonctionner sans essence. _richtig_ — _falsch_

f. Les anarchistes refusent toute autorité. _richtig_ — _falsch_

g. Le baromètre est utile pour les boulangers. _richtig_ — _falsch_

h. La crème à bronzer protège contre les coups de soleil. _richtig_ — _falsch_

i. La ratatouille est une spécialité suédoise. _richtig_ — _falsch_

j. Le nubuck est un cuir bovin d'aspect velouté. _richtig_ — _falsch_

k. La puéricultrice s'occupe de nouveau-nés. _richtig_ — _falsch_

l. Le crawl est une façon de pédaler. _richtig_ — _falsch_

m. Les agriculteurs relèvent du secteur tertiaire. _richtig_ — _falsch_

n. La Virginie est un Etat des Etats-Unis. _richtig_ — _falsch_

o. Les refuges accueillent des randonneurs pour la nuit. _richtig_ — _falsch_

Lösung 73: a. rouge b. blanc c. vert d. noirs e. bleu f. gris g. jaune h. turquoise i. rose
j. blond k. framboise l. carotte m. orange n. marron o. beige

73. EXPRESSIONS HAUTES EN COULEURS Welche Farbe passt in welche Lücke?

a. devenir _ _ _ _ _ _ comme une écrevisse

b. être _ _ _ _ _ _ comme un linge

c. être _ _ _ _ _ _ de rage

d. avoir des yeux _ _ _ _ _ _ comme jais

e. être _ _ _ _ _ _ de froid

f. porter une robe _ _ _ _ _ _ souris

g. être _ _ _ _ _ _ comme un citron

h. nager dans de l'eau bleu _ _ _ _ _ _

i. porter un chapeau _ _ _ _ _ _ bonbon

j. son fils est _ _ _ _ _ _ comme les blés.

k. Ces fleurs ont une couleur rouge _ _ _ _ _ _.

l. avoir des cheveux _ _ _ _ _ _

m. La couleur _ _ _ _ _ _ s'obtient avec du rouge et du jaune.

n. Le tronc des arbres est _ _ _ _ _ _.

o. Le sable a une couleur _ _ _ _ _ _.

beige
orange
gris
rose
turquoise
rouge
vert
marron
carotte
bleu
noirs
blanc
jaune
framboise
blond

a, Une foule en délire entoure la star.

----

b, La tempête a ravagé toute la région.

----

c, Le vent agite les voiles du bateau.

----

d, Les enfants ont appris une poésie.

----

e, Le dentiste prend une empreinte.

----

f, Le pianiste joue un nocturne de Chopin.

----

g, Le professeur a interrogé quelques élèves.

Lösung 75: a. sortir d'un mauvais pas b. se répandre comme une traînée de poudre c. jouer sur les mots
d. manger comme quatre e. se détacher du lot f. dépenser sans compter g. appeler les choses par leur nom
h. s'en tirer à bon compte i. parler pour ne rien dire j. tenir les cordons de la bourse k. courir comme un dératé
l. boire pour oublier m. mettre les bouchées doubles n. mener la danse o. prendre le train en marche

Lösung 74: a. La star est entourée par une foule en délire. b. Toute la région a été ravagée par la tempête. c. Les voiles du bateau sont agitées par le vent. d. Une poésie a été apprise par les enfants. e. Une empreinte est prise par le dentiste. f. Un nocturne de Chopin est joué par le pianiste. g. Quelques élèves ont été interrogés par le professeur.

75. LOCUTIONS Bilden Sie die passenden Ausdrücke!

a.	sortir d'un mauvais	quatre
b.	se répandre comme une traînée	du lot
c.	jouer sur	en marche
d.	manger comme	à bon compte
e.	se détacher	oublier
f.	dépenser sans	pas
g.	appeler les choses	les mots
h.	s'en tirer	doubles
i.	parler pour	de poudre
j.	tenir les cordons	la danse
k.	courir comme	compter
l.	boire pour	par leur nom
m.	mettre les bouchées	de la bourse
n.	mener	un dératé
o.	prendre le train	ne rien dire

76. IMPARFAIT - PLUS QUE PARFAIT Wählen Sie die richtige Form aus!

a. Je lisais le magazine que j' (acheter) le matin.
b. Il croyait qu'il (finir) son travail.
c. L'année dernière, je (faire) du sport régulièrement.
d. Elle sortit sans faire de bruit car son père (s'endormir).
e. Nous (écouter) les informations quand il arriva.
f. Enfants, nous (jouer) toujours ensemble.
g. Je me leva en retard car je (ne pas entendre) le réveil.
h. Mon père était souffrant depuis qu'il (avoir) un accident grave.
i. Il (raconter) régulièrement des histoires drôles.
j. Nous savions que vous (aller) bientôt nous quitter.
k. Paul et Julie (se connaître) depuis leur plus tendre enfance.
l. Dès qu'il (se mettre) à pleurer, nous ne pouvions plus le calmer.
m. Peu de gens (se promener) dans la rue.
n. Tu n'as pas mon numéro? Pourtant, je te l' (donner)!
o. Et si on (venir) te voir?

Lösung 77: a. Ma mère nous a donné des bonbons. b. Mais elle nous les a vite repris. c. L'art auquel il s'intéresse est l'art roman. d. Je suis fatiguée car j'ai peu dormi la nuit dernière. e. Ce thème est intéressant mais on en parle peu à la télévision. f. Le menu du jour de ce restaurant est excellent et peu cher. g. Ce chien est tellement peureux qu'il aboie sans cesse.

77. DANS LE BON ORDRE Setzen Sie die Elemente an der richtigen Stelle ein!

a. | a | bonbons | ma | nous | donné | mère | des |

b. | les | mais | nous | a | elle | repris | vite |

c. | intéresse | est | art | art | auquel | s' | roman | il | l' | l' |

d. | peu | je | la | car | ai | suis | dormi | nuit | fatiguée | dernière | j' |

e. | intéressant | télévision | ce | est | mais | à | peu | on | en | parle | thème | la |

f. | restaurant | le | jour | pou | de | excellent | ce | du | est | et | menu | cher |

g. | tellement | chien | qu' | est | cesse | aboie | peureux | il | ce | sans |

a. Nous avons travaillé. Allons au cinéma!
b. Elles vont faire leur exposé demain.
c. Où étais-tu? Je t'ai cherché.
d. Elle est étonnée de me voir.
e. Il a vite appris à lire.
f. Depuis son accident, il marche plus.
g. Cet ordinateur traite les informations rapidement.
h. Nous comprenons ce qu'il raconte.
i. Depuis trois jours, il dort mieux.
j. Il a bien réagi à ma remarque.
k. C'est lui qui m'a dit de le faire.
l. Nous allons dîner chez nos voisins.
m. Vous avez travaillé pour réussir vos examens.
n. Ne parle pas si! Je ne suis pas sourde!
o. La route est bloquée. Nous devons continuer tout.

assez
sans doute
partout
toute - ici
incroyablement
lentement
très
mal
beaucoup
étonnamment
bien
souvent
dur
fort
droit

Lösung 79: a. dises b. a c. pénalisé d. terminiez e. réussirai f. mange g. a fait
h. allions i. ait j. soit k. aies l. habitue m. ait n. puisse o. est

Lösung 78: a. assez travaillé b. sans doute faire c. cherché partout d. toute étonnée - voir ici
e. incroyablement vite f. plus lentement g. très rapidement h. comprenons mal i. beaucoup
mieux j. étonnamment bien k. bien lui l. souvent dîner m. travaillé dur n. si fort o. tout droit

79. LE BON MOT Was ist richtig?

a. J'aurais besoin que tu me **dises/dis** où je dois aller.

b. Je pense que son train **aie/a** du retard.

c. Il regrette de m'avoir **pénaliser/pénalisé**.

d. Il faut que vous **terminiez/terminez** ce rapport pour demain.

e. Mon père est sûr et certain que je **réussirai/réussisse** mon baccalauréat.

f. Selon le médecin, il est nécessaire que je **mangeai/mange** équilibré.

g. David reconnaît qu'elle **fera/a fait** beaucoup de progrès.

h. Il aimerait que nous **allons/allions** ensemble nous promener.

i. Nous restons amis bien qu'il m' **a/ait** ridiculisé devant notre chef.

j. Le patron s'étonne que le contrat ne **soit/fut** pas encore signé.

k. Tu resteras à table jusqu'à ce que tu **aies/as** fini ton assiette.

l. Il faudra du temps avant que je m' **habituais/habitue** au climat.

m. Caroline est navrée que son cousin **avait/ait** perdu.

n. Vous ne croyez pas qu'il **puisse/peut** avoir raison.

o. Je t'assure que tout **est/fut** prêt.

a. Cette conférence internationale sera organisée par la faculté de politique.

----

b. Ce problème a été réglé plutôt rapidement.

----

c. Mes frais d'hospitalisation ont été pris en charge par la Sécurité sociale.

----

d. Il faudrait que le tracé du TGV soit tout d'abord approuvé.

----

e. La lettre fut écrite et signée par le directeur des services généraux.

----

f. Ce procédé de fabrication a été inventé en 1949.

----

g. Une autoroute à trois voies sera construite l'an prochain.

Lösung 81: a. rédiger un livre b. travailler à l'ordinateur c. marcher d. cuire un soufflé e. courir - nager
f. oublier certains noms g. de fermer ce restaurant h. lire i. peindre j. choisir ses études k. tailler les arbres
l. traduire un texte m. accumuler un grand nombre n. acheter à crédit o. afficher des panneaux

81. NOM - INFINITIF Ersetzen Sie das Substantiv durch den Infinitiv!

a. **La rédaction** d'un livre peut prendre beaucoup de temps.
b. **Le travail** à l'ordinateur est plutôt néfaste pour les yeux.
c. Nous aimons **la marche** en forêt.
d. **La cuisson** d'un soufflé demande de l'attention.
e. Il n'est pas très sportif mais il aime quand même **la course** et **la nage**.
f. **L'oubli** de certains noms peut se révéler pénible.
g. On a ordonné **la fermeture** de ce restaurant pour manque d'hygiène.
h. En hiver, j'aime **la lecture** au coin du feu.
i. **La peinture** est le hobby de beaucoup de personnes.
j. **Le choix** de ses études est une étape importante.
k. **La taille** des arbres fruitiers est essentielle pour leur bonne santé.
l. **La traduction** d'un texte littéraire demande de la réflexion.
m. Son but: **l'accumulation** d'un grand nombre de points.
n. **L'achat** à crédit est de nos jours très répandu.
o. **L'affichage** de panneaux publicitaires est interdit ici.

comprendre

a. je / passé simple

b. nous / présent du subjonctif

c. tu / présent

d. elles / futur simple

e. vous / plus-que-parfait

f. il / imparfait du subjonctif

g. vous / passé antérieur

h. tu / présent du conditionnel

i. elles / passé simple

j. je / passé composé

k. ils / imparfait

l. 1ère pers. sing. / impératif

m. tu / imparfait

n. je / présent du subjonctif

Lösung 83: a. combien b. à qui/où c. qu'est-ce-que d. à quelle heure e. que f. qui
g. de quoi h. où i. qui/qui est-ce-qui j. en quoi k. pour qui l. comment m. à quoi
n. quand o. pourquoi

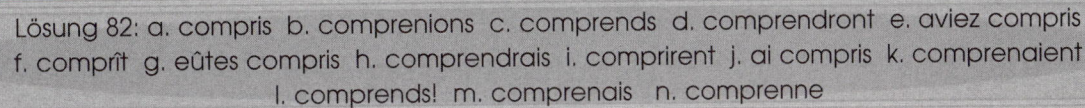

83. PRONOMS INTERROGATIFS Was muss hier stehen?

a. _ _ _ _ _ _ _ _ _ coûte l'aller-retour Lille-Paris?

b. _ _ _ _ _ _ _ _ dois-je m'adresser pour obtenir cette information?

c. _ _ _ _ _ _ _ _ tu fais?

d. _ _ _ _ _ _ _ voulez-vous partir? A trois heures.

e. _ _ _ _ _ _ _ veux-tu faire ce soir?

f. _ _ _ _ _ _ _ a obtenu le prix Nobel de littérature?

g. _ _ _ _ _ _ _ avez-vous discuté hier soir?

h. _ _ _ _ _ _ _ se trouve le restaurant dans lequel vous avez mangé hier?

i. _ _ _ _ _ _ _ a gagné le Tour de France cette année?

j. _ _ _ _ _ _ _ est faite cette statue? En marbre?

k. _ _ _ _ _ _ _ est ce cadeau?

l. _ _ _ _ _ _ _ s'est-il blessé?

m. _ _ _ _ _ _ _ penses-tu?

n. _ _ _ _ _ _ _ comptez-vous revenir de voyage?

o. _ _ _ _ _ _ _ ne m'a t-il pas prévenu de son retard?

a. La conférence _ _ _ _ _ _ _ _ je participe va se terminer tard.

b. Le pull _ _ _ _ _ _ _ _ ma grand-mère m'a tricoté ne me plaît pas.

c. La voiture _ _ _ _ _ _ _ _ je conduis est celle de mon frère.

d. La maison _ _ _ _ _ _ _ _ vous habitez a été construite en 1890.

e. Il joue dans un très bon film _ _ _ _ _ _ _ _ j'ai malheureusement oublié le nom.

f. Mon oncle est venu le jour _ _ _ _ _ _ _ _ j'étais fort malade.

g. C'est un lac magnifique autour _ _ _ _ _ _ _ _ il y a une grande forêt de sapins.

h. Le patron du bistro _ _ _ _ _ _ _ _ je mange chaque midi est un ami.

i. Le café _ _ _ _ _ _ _ _ il a préparé est trop fort.

j. Vous remarquerez _ _ _ _ _ _ _ _ j'ai raison cette fois-ci.

k. La société _ _ _ _ _ _ _ _ je fais allusions a déjà été privatisée.

l. C'est une eau de grande pureté _ _ _ _ _ _ _ _ peut être bue par tous.

m. Le chemin sur _ _ _ _ _ _ _ _ je me promène est pleins d'ornières.

n. La compétition _ _ _ _ _ _ _ _ nous participons est de bon niveau.

o. Les champs le long _ _ _ _ _ _ _ _ se trouve les menhirs lui appartiennent.

Lösung 85: a. sans que b. alors que c. quoi qu' d. à moins qu' e. tandis qu'
f. bien qu' g. malgré que h. sans que i. où que j. quoique k. à moins d' l. alors que
m. bien qu' n. quoi que o. sans qu'

Lösung 84: a. à laquelle b. que c. que d. où/dans laquelle e. dont f. où g. duquel
h. où/dans lequel i. qu' j. que k. à laquelle l. qui m. lequel n. à laquelle o. desquels

85. A MOINS QUE Was muss hier stehen?

a. Elle s'est fait percer les oreilles _ _ _ _ _ _ _ _ ses parents le sachent.

b. Je regarde la télévision _ _ _ _ _ _ _ _ je devrais réviser.

c. _ _ _ _ _ _ _ _ il dise, nous partirons.

d. Elle n'ira pas se promener _ _ _ _ _ _ _ _ il fasse très beau.

e. Mes parents travaillaient _ _ _ _ _ _ _ _ je faisais le ménage.

f. Il a un poste peu important _ _ _ _ _ _ _ _ il soit compétent.

g. _ _ _ _ _ _ _ _ le film ait reçu de mauvaises critiques, il m'a plu.

h. Notre chien s'est sauvé _ _ _ _ _ _ _ _ nous nous en apercevions.

i. _ _ _ _ _ _ _ _ je sois, il me trouve toujours.

j. _ _ _ _ _ _ _ _ vous l'ayez attendue, elle n'est pas venue.

k. _ _ _ _ _ _ _ _ insister, elle ne fera pas ce travail.

l. Il est petit _ _ _ _ _ _ _ _ tous les membres de sa famille sont grands.

m. Cet appareil ne fonctionne pas _ _ _ _ _ _ _ _ il soit neuf.

n. _ _ _ _ _ _ _ _ je fasse, tu n'es jamais satisfait.

o. Il a donné sa démission _ _ _ _ _ _ _ _ il soit au courant.

à moins que
où que
malgré que
sans que
à moins de
bien que
quoi que
alors que
quoique
tandis que

a. Le chien (blesser). — passé composé
b. L'accusé (condamner) à trois mois de prison. — passé simple
c. Les arbres (abattre) pour manque de place. — futur
d. Cette édition (rééditer). — présent
e. Le ministre souhaite que les impôts (baisser). — subj. présent
f. Le témoin (interroger) par la police. — plus-que-parfait
g. L'immeuble (repeindre) par des professionnels. — futur antérieur
h. Le courrier (distribuer) par le concierge. — présent
i. La course (remporter) par un amateur. — passé simple
j. Ma voiture (vendre) par mon frère. — futur
k. Le sommet (atteindre) par trois alpinistes. — plus-que-parfait
l. Depuis des mois, il (observer) par un cardiologue. — imparfait
m. Cette camionnette (conduire) par un déménageur. — passé composé
n. La ville (conquérir) malgré ses remparts. — passé simple
o. Je souhaite que le favori (battre). — subj. présent

Lösung 87: a. je b. personne c. que tu l'appelles d. faire du sport e. ma mère, mon père et mon frère f. Paul g. que je me sois trompé h. le fait d'être appelé après 22h00 i. la manifestation j. que je rentre tard k. un gigantesque embouteillage l. pleins de mésaventures m. je n. on o. il

87. OÙ EST-IL? Kreisen Sie das Subjekt des Satzes ein!

a. Je pense que Buenos Aires est une ville très accueillante.

b. Personne ne remarqua sa nouvelle coiffure.

c. Il est nécessaire que tu l'appelles ce soir.

d. Faire du sport est non seulement bon pour la santé mais aussi pour le moral.

e. Ma mère, mon père et mon frère m'ont rendus visite.

f. Paul est quelqu'un avec qui je peux discuter de mes problèmes.

g. Que je me sois trompé le remplit de joie.

h. Le fait d'être appelé après 22h00 ne me dérange pas trop.

i. Ainsi se déroula la manifestation.

j. Ça inquiète ma mère que je rentre tard.

k. Il s'est formé un gigantesque embouteillage sur la N.41.

l. Des années durant, il lui est arrivé pleins de mésaventures.

m. Bien qu'elle soit toujours aimable, je ne peux pas la supporter.

n. On a retrouvé son portefeuille.

o. De toutes les personnes regardant ce film, il est le seul à s'ennuyer.

88. SINGULIER OU PLURIEL Welches französische Wort gehört in die Lücke?

a. Elle a encore perdu _ _ _ _ _ _ _ _.
b. J'ai retrouvé _ _ _ _ _ _ _ _ de soleil.
c. Mon assurance va payer _ _ _ _ _ causés par l'incendie.
d. Il y a eu beaucoup de monde à _ _ _ _ _ _ _ _.
e. Elle regarde volontiers _ _ _ _ _ _ _ _ de 20h00.
f. En général, les enfants n'aiment pas _ _ _ _ _ _ _ _.
g. Notre avocat a des _ _ _ _ _ _ _ _ respectables.
h. Enfant, j'avais peur _ _ _ _ _ _ _ _.
i. Ils ont reçu plusieurs _ _ _ _ _ _ en cadeau de mariage.
j. Il a subi _ _ _ _ _ _ _ _ grave.
k. Après la publicité, je voudrais regarder _ _ _ _ _ _ _ _.
l. Il me donne toujours de bons _ _ _ _ _ _ _ _.
m. Il n'a pas pu venir à _ _ _ _ _ _ _ _.
n. Après la catastrophe, il y eu des blessés sous _ _ _ _ _ _.
o. Il aime jouer _ _ _ _ _ _ _ _ pendant les vacances.

- ihre Schere
- meine Brille
- Schaden
- sein Begräbnis
- Nachrichten
- der Spinat
- das Honorar
- die Finsternis
- Korkenzieher
- ein Misserfolg
- die Wettervorhersage
- Ratschläge
- meine Verlobung
- der Schutt
- das Schach

Lösung 89: a. rendre service b. le pour et le contre c. imagination d. devenir
e. sévèrement f. a raison g. prends h. dois i. a changé j. Maintenant que
k. culture générale l. m'a appris m. changer d'avis n. fiers o. espères

Lösung 88: a. ses ciseaux b. mes lunettes c. les dégâts d. ses funérailles e. les informations
f. les épinards g. des honoraires h. des ténèbres i. tire-bouchons j. un échec k. les
prévisions météorologiques l. conseils m. mes fiançailles n. les décombres o. aux échecs

89. TRADUIRE Übersetzen Sie die deutschen Begriffe!

a. Peux-tu me _ _ _ _ _ _ _ _?

b. Après avoir pesé _ _ _ _ _ _ _ _ , je suis contre ta décision.

c. Mon fils a beaucoup d' _ _ _ _ _ _ _ _.

d. J'aimerais _ _ _ _ _ _ _ _ chirurgien.

e. Pauline fut _ _ _ _ _ _ _ _ puni par ses parents.

f. D'après lui, il _ _ _ _ _ _ _ _ toujours _ _ _ _ _ _ _ _.

g. Je _ _ _ _ _ _ _ _ le train pour Paris demain.

h. Je ne _ _ _ _ _ _ _ _ pas rentrer après minuit.

i. Depuis son voyage, il _ _ _ _ _ _ _ _.

j. _ _ _ _ _ _ _ _ vous êtes arrivés, on peut manger.

k. Il manque de _ _ _ _ _ _ _ _.

l. C'est ma mère qui _ _ _ _ _ _ _ _ à lire.

m. Arrête de _ _ _ _ _ _ _ _!

n. Ils sont _ _ _ _ _ _ _ _ de moi.

o. Tu _ _ _ _ _ _ _ _ qu'il ne sera pas malade.

- einen Gefallen tun
- das Für und das Wider
- Fantasie
- werden
- streng
- hat Recht
- fahren
- dürfen
- hat sich geändert
- nun, da
- allgemeine Bildung
- hat mir beigebracht
- deine Meinung ändern
- stolz
- hoffst

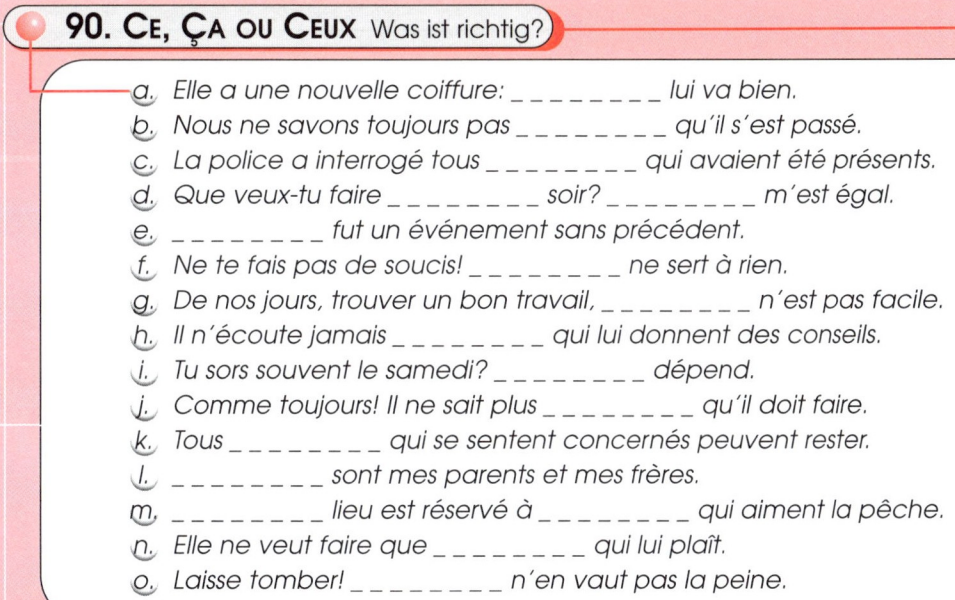

90. CE, ÇA OU CEUX Was ist richtig?

a. Elle a une nouvelle coiffure: _ _ _ _ _ _ _ _ lui va bien.

b. Nous ne savons toujours pas _ _ _ _ _ _ _ _ qu'il s'est passé.

c. La police a interrogé tous _ _ _ _ _ _ _ _ qui avaient été présents.

d. Que veux-tu faire _ _ _ _ _ _ _ _ soir? _ _ _ _ _ _ _ _ m'est égal.

e. _ _ _ _ _ _ _ _ fut un événement sans précédent.

f. Ne te fais pas de soucis! _ _ _ _ _ _ _ _ ne sert à rien.

g. De nos jours, trouver un bon travail, _ _ _ _ _ _ _ _ n'est pas facile.

h. Il n'écoute jamais _ _ _ _ _ _ _ _ qui lui donnent des conseils.

i. Tu sors souvent le samedi? _ _ _ _ _ _ _ _ dépend.

j. Comme toujours! Il ne sait plus _ _ _ _ _ _ _ _ qu'il doit faire.

k. Tous _ _ _ _ _ _ _ _ qui se sentent concernés peuvent rester.

l. _ _ _ _ _ _ _ _ sont mes parents et mes frères.

m. _ _ _ _ _ _ _ _ lieu est réservé à _ _ _ _ _ _ _ _ qui aiment la pêche.

n. Elle ne veut faire que _ _ _ _ _ _ _ _ qui lui plaît.

o. Laisse tomber! _ _ _ _ _ _ _ _ n'en vaut pas la peine.

Lösung 91: a. 1 b. 1 c. 2 d. 1 e. 1 f. 3

91. LA BONNE RÉPONSE Welche ist die richtige Lösung?

a,   Pierre pense qu'il y

1.   a un avion pour Paris à 20 heures.
2.   eu un avion pour Paris à 20 heures.
3.   ait un avion pour Paris à 20 heures.

b,   Tous savent que la Terre

1.   tourne autour du soleil.
2.   tournait autour du soleil.
3.   tournera autour du soleil.

c,   Ses parents voulaient que

1.   je viens avec eux.
2.   je vienne avec eux.
3.   je venais avec eux.

d,   Pauline voudrait que

1.   son frère l'accompagne.
2.   son frère l'accompagnerai.
3.   son frère l'accompagnât.

e,   Nous regrettons que nous

1.   ne puissions dîner ensemble.
2.   ne pouvons dîner ensemble.
3.   ne pourrons dîner ensemble.

f,   Il a l'impression qu'il

1.   connaîtrai cette personne.
2.   connut cette personne.
3.   connaît cette personne.

a, „Je deviendrais célèbre."
Il racontait _.

b, „Ma fille veut se marier."
Il annonça _.

c, „Dépêche-toi de venir."
Il lui avait ordonné _.

d, „Je prends des cours d'allemand."
Elle m'a écrit _.

e, „Au moins tu n'auras pas tout perdu."
Il avait répondu _.

f, „La situation s'améliorera."
Le journaliste prévoyait _.

g, „Nous le ferons plus tard."
Nous lui promirent_ _.

h, „Je ne suis pas d'accord."
Elle dit_ _.

Lösung 93: a. de b. à - d' c. à d. d' e. de f. à - à g. à h. de i. de
j. de k. de l. à m. à n. à o. à

93. A OU DE Setzen Sie die richtige Präposition ein!

a. Excusez-moi _ _ _ _ _ _ _ _ vous avoir bousculé.

b. Il a promis _ _ _ _ _ _ _ _ son fils _ _ _ _ _ _ _ _ aller à la pêche avec lui.

c. Ce travail consiste _ _ _ _ _ _ _ _ téléphoner à tous nos clients.

d. Il a la certitude _ _ _ _ _ _ _ _ avoir raison.

e. Elle est gravement malade mais elle garde l'espoir _ _ _ _ _ _ _ _ guérir un jour.

f. Nous avons enseigné _ _ _ _ _ _ _ _ nos enfants _ _ _ _ _ _ _ _ respecter autrui.

g. Le moindre bruit suffit _ _ _ _ _ _ _ _ l'effrayer.

h. Depuis leur retraite, ils ont le loisir _ _ _ _ _ _ _ _ faire ce qu'ils veulent.

i. Sa soif _ _ _ _ _ _ _ _ vivre est insatiable.

j. Je n'ai pas encore eu la possibilité _ _ _ _ _ _ _ _ changer de travail.

k. Vous avez eu l'imprudence _ _ _ _ _ _ _ _ le déranger à une heure tardive.

l. C'est une enfant qui s'applique _ _ _ _ _ _ _ _ bien écrire.

m. Il songe _ _ _ _ _ _ _ _ arrêter ses études.

n. Ces mesures gouvernementales concourent _ _ _ _ _ _ _ _ calmer les mécontents.

o. Il a enfin renoncé _ _ _ _ _ _ _ _ vouloir démissionner.

94. TRADUISEZ Übersetzen Sie die deutschen Begriffe!

a. Elle a manqué l'école _ _ _ _ _ _ _ _ de santé.

b. Son _ _ _ _ _ _ l'économie mondiale est impressionnant.

c. _ _ _ _ _ _ _ _ _ l'ont encouragé.

d. Le chômage a augmenté _ _ _ _ _ _ _ _ 0,7% ce mois-ci.

e. De plus en plus de gens souffrent _ _ _ _ _ _ _ _ stress.

f. Elle est incapable de _ _ _ _ _ _ _ _.

g. _ _ _ _ _ _ _ _, nous partons en vacances.

h. _ _ _ _ _ _ _ _, j'y serais allé.

i. _ _ _ _ _ _ _ _, je me vengerai.

j. Un énorme _ _ _ _ _ _ _ _ s'est formé sur l'autoroute A9.

k. Sa situation financière est _ _ _ _ _ _ _ _.

l. Avec toi, c'est toujours _ _ _ _ _ _ _ _.

m. Il va _ _ _ _ _ _ _ _ arriver en retard.

n. Je n'ai que dix francs _ _ _ _ _ _ _ _.

o. Nous habitons _ _ _ _ _ _ _ _.

- aus Gründen
- Interesse an
- viele von ihnen
- um
- unter
- eine Wahl treffen
- in vierzehn Tagen
- an deiner Stelle
- diesmal
- Stau
- katastrophal
- das Gleiche
- wahrscheinlich
- bei mir
- bei München

Lösung 95: a. Dans cette ville de Province, il n'y a rien à visiter. b. Nous n'avons toujours rien trouvé à offrir à nos amis. c. Le TGV Lille-Lyon n'est jamais en retard. d. Elle n'a jamais eu peur du noir. e. Mon père ne lit jamais de magazines scientifiques. f. Elle ne se borne jamais à faire le minimum. g. Je n'ai vu traîner tes clés nulle part.

Lösung 94: a. pour raison b. intérêt pour c. Beaucoup d'entre eux d. de e. de
f. faire un choix g. Dans quinze jours h. A ta place i. Cette fois j. embouteillage
k. catastrophique l. la même chose m. sans doute n. sur moi o. près de Munich

95. FORME NÉGATIVE Schreiben Sie die Sätze in der Verneinung!

a. Dans cette ville de Province, il y a beaucoup de choses à visiter.

----

b. Nous avons enfin trouvé quelque chose à offrir à nos amis.

----

c. Le TGV Lille-Lyon est constamment en retard.

----

d. Elle a toujours eu peur du noir.

----

e. Mon père ne lit que des magazines scientifiques.

----

f. Elle se borne toujours à faire le minimum.

----

g. J'ai vu traîner tes clés quelque part.

----

96. INDÉFINI Vervollständigen Sie die Sätze!

a. La plupart du temps, elle dit _ _ _ _ _ _ _ _.

b. Je ne laisse jamais traîner mes affaires _ _ _ _ _ _ _ _.

c. Je lui ai dit de ne pas suivre _ _ _ _ _ _ _ _.

d. Ces lignes vont toutes à la gare. Tu peux prendre _ _ _ _ _.

e. Tu peux passer _ _ _ _ _ _ _ _. Ma porte est toujours ouverte.

f. Dans ce restaurant, on peut manger à _ _ _ _ _ _ _ _ heure.

g. Où veux-tu aller? Je ne sais pas, _ _ _ _ _ _ _ _.

h. C'est un vrai clown. Il s'habille _ _ _ _ _ _ _ _.

i. Dans certain pays, on ne peut pas porter _ _ _ _ _ _ _ _.

j. _ _ _ _ _ _ _ _ te dira que tu t'es trompé.

k. Il joue toujours _ _ _ _ _ _ _ _aux cartes.

l. Quel stylo veut-il? _ _ _ _ _ _ _ _.

m. Cesse de raconter _ _ _ _ _ _ _ _!

n. Ne fais pas confiance à _ _ _ _ _ _ _ _!

o. J'ai une faim de loup. Je mangerai _ _ _ _ _ _ _ _.

n'importe quelle
n'importe comment
n'importe laquelle
n'importe qui
n'importe lequel
n'importe où
n'importe quoi
n'importe quand

Lösung 97: a. Elle aimerait bien faire le tour du monde. b. Avec le numérique, l'image apparaît directement sur l'écran de l'appareil. c. De plus en plus de personnes surfent sur Internet. d. Le Parlement a définitivement adopté la loi sur les droits des concubins e. Elle a pris trois jours de congé car son fils est malade. f. La nouvelle collection de ce couturier est plutôt originale. g. Il s'est acheté une nouvelle voiture de sport très rapide.

Lösung 96: a. n'importe quoi b. n'importe où c. n'importe qui d. n'importe laquelle e. n'importe quand
f. n'importe quelle g. n'importe où h. n'importe comment i. n'importe quoi j. N'importe qui
k. n'importe comment l. N'importe lequel m. n'importe quoi n. n'importe qui o. n'importe quoi

97. LE BON ORDRE Setzen Sie die Elemente an der richtigen Stelle ein!

a. monde elle faire le bien tour aimerait du

b. apparaît numérique le l'image directement l'écran avec sur de l'appareil

c. de de personnes sur plus plus surfent en Internet

d. Parlement a le loi adopté des la sur droits définitivement les concubins

e. a trois car jours elle est son de congé pris fils malade

f. nouvelle ce originale collection couturier plutôt la est de

g. sport il une acheté de s'est très voiture nouvelle rapide

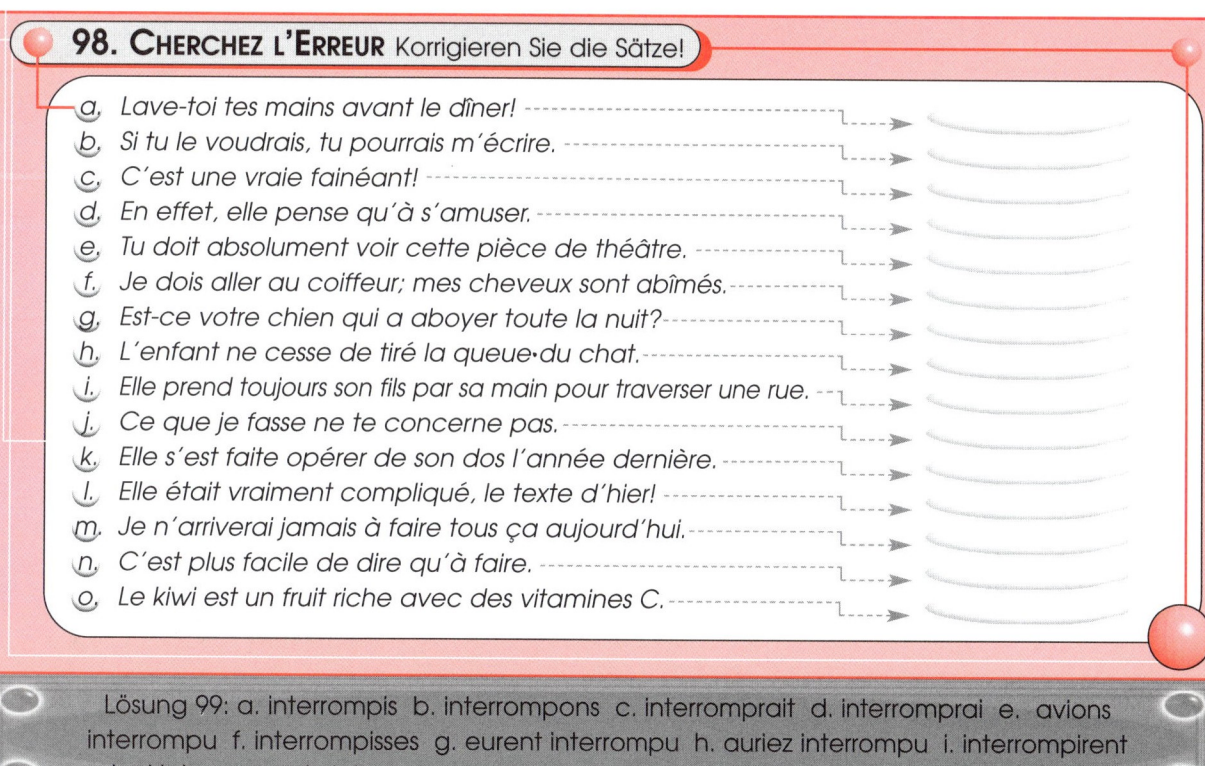

98. CHERCHEZ L'ERREUR Korrigieren Sie die Sätze!

a. Lave-toi tes mains avant le dîner!

b. Si tu le voudrais, tu pourrais m'écrire.

c. C'est une vraie fainéant!

d. En effet, elle pense qu'à s'amuser.

e. Tu doit absolument voir cette pièce de théâtre.

f. Je dois aller au coiffeur; mes cheveux sont abîmés.

g. Est-ce votre chien qui a aboyer toute la nuit?

h. L'enfant ne cesse de tiré la queue du chat.

i. Elle prend toujours son fils par sa main pour traverser une rue.

j. Ce que je fasse ne te concerne pas.

k. Elle s'est faite opérer de son dos l'année dernière.

l. Elle était vraiment compliqué, le texte d'hier!

m. Je n'arriverai jamais à faire tous ça aujourd'hui.

n. C'est plus facile de dire qu'à faire.

o. Le kiwi est un fruit riche avec des vitamines C.

Lösung 99: a. interrompis b. interrompons c. interromprait d. interromprai e. avions interrompu f. interrompisses g. eurent interrompu h. auriez interrompu i. interrompirent j. ai interrompu k. interrompaient l. aurai interrompu m. interrompais n. interromps

99. CONJUGAISON Geben Sie die richtige Verbform an!

interrompre

a. tu / passé simple
b. nous / présent
c. il / présent du conditionnel
d. je / futur simple
e. nous / plus-que-parfait
f. tu / imparfait du subjonctif
g. ils / passé antérieur
h. vous / passé du conditionnel
i. elles / passé simple
j. je / passé composé
k. ils / imparfait
l. je / futur antérieur
m. tu / imparfait
n. je / présent

a. Il (voyager) bien dans l'espace. ----------> **présent**
b. J' (aimer) aller à la Réunion. ----------> **présent**
c. On (préférer) prendre l'avion. ----------> **passé**
d. Nous (vouloir) acheter un ordinateur portable. ----------> **présent**
e. Les députés (examiner) cette loi. ----------> **passé**
f. Vous (devoir) lire plus souvent les journaux. ----------> **présent**
g. Si nous avions appris, nous (savoir) la réponse. ----------> **passé**
h. Au cas où tu (pouvoir) venir, fais moi signe! ----------> **présent**
i. Ça (valoir) le coup! ----------> **présent**
j. Nous (voir) mieux si le ciel était dégagé. ----------> **présent**
k. Il (falloir) qu'il soit de bonne humeur. ----------> **passé**
l. Vous (recevoir) bien vos amis. ----------> **présent**
m. Nous (payer) à temps si c'était possible. ----------> **présent**
n. Vous le (faire) si je le voulais! ----------> **présent**
o. Elle lui (plaire). ----------> **passé**

Lösung 101: a. a défendu b. dura c. a remanié d. regardaient e. sommes allés
f. a été fondée g. lavait h. naquit/est né i. ai parié j. était k. se mit l. a téléphoné
m. avait n. ont beaucoup changé o. a conçu

101. PASSÉ SIMPLE/PASSÉ COMPOSÉ/IMPARFAIT Wie heißt die richtige Form?

a. Elle _ _ _ _ _ _ _ _ hier son avis devant la direction.

b. La construction de cette cathédrale _ _ _ _ _ plusieurs décennies.

c. Le premier ministre _ _ _ _ _ le gouvernement après sa nomination.

d. Mes enfants _ _ _ _ _ _ _ _ toujours cette émission avec plaisir.

e. L'été dernier, nous _ _ _ _ _ _ _ _ en Australie.

f. Cette organisation humanitaire _ _ _ _ _ _ _ _ il y a 15 ans.

g. Au début du siècle, on _ _ _ _ _ _ _ _ le linge à la main.

h. Molière _ _ _ _ _ _ _ _ en 1622.

i. Je _ _ _ _ _ _ _ _ qu'il ne réussirait pas.

j. La peste _ _ _ _ _ _ _ _ autrefois une maladie redoutée.

k. Il _ _ _ _ _ _ _ _ brusquement à parler.

l. Elle lui _ _ _ _ _ _ _ _ trois fois dans la même journée.

m. Mon ancien chef _ _ _ _ _ _ _ _ l'art de m'énerver.

n. Les systèmes de télécommunication _ _ _ _ _ _ _ _ beaucoup.

o. Il _ _ _ _ _ _ _ _ un nouveau logiciel de jeu.

défendre
durer
remanier
regarder
aller
être fondé
laver
naître
parier
être
se mettre
téléphoner
avoir
changer
concevoir

102. PRÉPOSITIONS Setzen Sie die richtige Präposition ein!

a. La cause _ _ _ _ _ _ _ _ sa maladie est encore inconnue.
b. Je lis beaucoup de journaux _ _ _ _ _ _ _ _ être bien informé.
c. Traduisez ce texte _ _ _ _ _ _ _ _ français.
d. Il ramasse tout ce qu'il trouve _ _ _ _ _ _ _ _ terre.
e. Ce restaurant se situe _ _ _ _ _ _ _ _ coin de ma rue.
f. Les experts restent indécis face _ _ _ _ _ _ _ _ ce problème.
g. Ma chambre mesure 4 mètres de large _ _ _ _ _ _ _ _ 4 mètres de long.
h. En France, on vend du muguet _ _ _ _ _ _ _ _ la rue le premier mai.
i. Les heures d'ouverture de la poste sont inscrits _ _ _ _ _ _ _ _ la porte.
j. Nous avons vu un reportage très intéressant _ _ _ _ _ _ _ _ la télévision.
k. Ma mère n'est jamais d'accord _ _ _ _ _ _ _ _ moi.
l. Elle lave toujours ses pulls en laine _ _ _ _ _ _ _ _ la main.
m. Le train va à Bonn _ _ _ _ _ _ _ _ Stuttgart.
n. Dans l'annuaire, les noms sont classés _ _ _ _ _ _ _ _ ordre alphabétique.
o. Il n'a pas su tirer profit _ _ _ _ _ _ _ _ son expérience.

Lösung 103: a. y joue b. les avez-vous c. m'y suis d. les rencontrer e. en discuter
f. s'en rendent g. t'y réinscrire h. leur recommande i. en réjouissons j. le leur
k. y es-tu l. l'avez m. L'as-tu écrite? n. lui a acheté o. en bénéficie

Lösung 102: a. de b. pour c. en d. par e. au f. à g. sur h. dans i. sur
j. à k. avec l. à m. par/via n. par o. de

103. NOM PRONOM Ersetzen Sie die Nominalgruppe durch ein Pronomen!

a. Ma grand-mère joue **aux cartes** depuis son enfance.

b. Pourquoi avez-vous ignoré **ses conseils**?

c. Je me suis inscrite **à des cours de théâtre**.

d. Ses parents ont voulu rencontrer **ses amis**.

e. Veux-tu discuter avec lui **de ton avenir**?

f. Tous se rendent compte **de l'importance de l'ordinateur**.

g. Tu dois te réinscrire **à l'université** ce mois-ci.

h. En avion, on recommande **aux passagers** de rester attaché durant le vol.

i. Nous nous réjouissons **que tu aies réussi tes examens**.

j. Je leur avait pourtant dit **de ne pas me déranger**.

k. Es-tu déjà allé **en Slovénie**?

l. Vous avez laissé tomber **votre portefeuille**.

m. As-tu écrit **ta rédaction**?

n. Il a acheté un livre **à sa mère**.

o. Cette entreprise bénéficie **d'une bonne réputation**.

104. IM, IN, IL, MAL, MÉ Bilden Sie das Gegenteil mit dem richtigen Präfix!

a. connu --------→
b. lisible --------→
c. correct --------→
d. adroite --------→
e. patient --------→
f. réparable --------→
g. content --------→
h. sensé --------→
i. heureuse --------→
j. égal --------→
k. utile --------→
l. possible --------→
m. habile --------→
n. précis --------→
o. légal --------→

Lösung 105: a. ... porte sans rien dire. b. ... journaux pour bien être informé. c. ... dents avant d'aller se coucher. d. Au moment de retirer de l'argent, il ... e. ... visite sans me prévenir. f. A condition d'être majeur, on ... g. ... chef de peur de le déranger.

105. SANS RIEN DIRE Verbinden Sie die Sätze mit der Präposition!

a. Il a claqué la porte. Il n'a rien dit.   *sans*

_____

b. Il lit beaucoup de journaux. Il est bien informé.   *pour*

_____

c. Il n'oublie pas de se laver les dents. Il va se coucher.   *avant de*

_____

d. Il allait retirer de l'argent. Il oublia son code.   *au moment de*

_____

e. Il est venu me rendre visite. Il ne m'a pas prévenu.   *sans*

_____

f. On doit être majeur. On peut rentrer dans cette disco.   *à condition de*

_____

g. Il recule son entretien avec son chef. Il a peur de le déranger.   *de peur de*

_____

106. LA CONDITION Setzen sie die richtige Verbform ein!

a. Si j'avais eu le choix, je _ _ _ _ _ _ _ _ plus tôt.

b. Si la clinique en _ _ _ _ les moyens, elle s'achètera un scanner.

c. Ton ordinateur travaillerai plus vite s'il _ _ _ _ _ _ _ _ plus puissant.

d. Au cas où tu _ _ _ _ _ _ _ _ d'avis, téléphones-moi.

e. Si elle _ _ _ _ _ _ _ plus maligne, elle aurait tout de suite compris.

f. En admettant que tu _ _ _ _ _ _ raison, que pouvons nous faire?

g. Ils pourraient venir à son mariage s'ils le _ _ _ _ _ _ _ _ vraiment.

h. Au cas où tu irais en ville, _ _ _ _ _ _ _ _ - moi ce livre.

i. Si ce livre avait été traduit en français, je le lui _ _ _ _ _ _ _ _ .

j. A moins que tu me prouves le contraire, je _ _ _ _ _ avoir raison.

k. Pourvu que tu sois motivé, tu y _ _ _ _ _ _ _ _.

l. Si tu _ _ _ _ _ _ _ _ ton temps, cette erreur ne serait pas arrivée.

m. Au cas où vous _ _ _ _ _ _ _ _ envie de venir, ne vous gênez pas.

n. Pourvu qu'il me _ _ _ _ _ _ _ _ de ses nouvelles!

o. En admettant que la fusion ait lieu, que nous _ _ _ _ _ _ _ _ -t-il?

- partir
- avoir
- être
- changer
- être
- avoir
- vouloir
- acheter
- offrir
- penser
- parvenir
- prendre
- avoir
- donner
- arriver

Lösung 107: a. fut éteinte b. a été acheté c. était lu d. fut fait e. avaient été vendus
f. est planté g. est allumée h. fut critiqué i. est servi j. fut acquis k. étaient cueillies
l. fut mordue m. est moulu n. était extrait o. sera frit

Lösung 106: a. serais parti b. a c. était d. changerais e. avait été f. aies g. voulaient
h. achètes i. aurais offert j. pense k. parviendras l. avais pris m. auriez
n. donne o. arrivera

107. LE LAIT A ÉTÉ BU Wie lautet die Passivform ohne Agens?

a. J'éteignis la radio. La radio _ _ _ _ _ _ _ _.

b. Il a acheté un manteau. Un manteau _ _ _ _ _ _ _ _.

c. On lisait le journal. Le journal _ _ _ _ _ _ _ _.

d. Nous fîmes l'exercice. L'exercice _ _ _ _ _ _ _ _.

e. Ils avaient vendu plusieurs bibelots. Plusieurs bibelots _ _ _ _ _ _ _ _.

f. Elle plante un rosier. Un rosier _ _ _ _ _ _ _ _.

g. Anne allume la lumière. La lumière _ _ _ _ _ _ _ _.

h. Ils critiquèrent Paul. Paul _ _ _ _ _ _ _ _.

i. Ma tante sert le repas. Le repas _ _ _ _ _ _ _ _.

j. Ils acquirent ce bien. Ce bien _ _ _ _ _ _ _ _.

k. L'enfant cueillaient des fleurs. Des fleurs _ _ _ _ _ _ _ _.

l. Il mordit sa soeur. Sa soeur _ _ _ _ _ _ _ _.

m. Ma grand-mère moud le café. Le café _ _ _ _ _ _ _ _.

n. Les mineurs extrayaient le charbon. Le charbon _ _ _ _ _ _ _ _.

o. Elle frira le poisson. Le poisson _ _ _ _ _ _ _ _.

108. GRÂCE À, A CAUSE DE, CAR Welche ist die richtige Form?

a. Nous avons perdu _ _ _ _ _ _ _ _ manque de motivation.

b. _ _ _ _ _ _ _ _ sa volonté, il a réussi son année scolaire.

c. Elle regarde la télévision _ _ _ _ _ _ _ _ elle s'ennuie.

d. Ils sont en retard _ _ _ _ _ _ _ _ un embouteillage sur la route.

e. Je ne peux pas me concentrer _ _ _ _ _ _ _ _ bruit environnant.

f. J'ai trouvé du travail _ _ _ _ _ _ _ _ mes relations.

g. Vous êtes déçus _ _ _ _ _ _ _ _ vous avez échoué.

h. Je suis fatigué _ _ _ _ _ _ _ _ mon travail.

i. Elle s'est endormie _ _ _ _ _ _ _ _ moi.

j. Il doit aller chez le médecin _ _ _ _ _ _ _ _ il est malade.

k. J'ai raté mon train _ _ _ _ _ _ _ _ lui.

l. De nos jours, on travaille plus vite _ _ _ _ _ _ _ _ l'ordinateur.

m. Beaucoup apprennent l'anglais _ _ _ _ _ _ _ _ c'est devenu nécessaire.

n. _ _ _ _ _ _ _ _ ce prix, il est devenu célèbre.

o. Il chante _ _ _ _ _ _ _ _ il est heureux de vivre.

Lösung 109: a. plusieurs de ces b. mains sales c. dernier Mohican d. mêmes chaussures
e. joli petit chat noir et blanc f. dernier sou - mois dernier g. histoires incroyables h. bonnes critiques
i. métal dur j. sale histoire k. prochain roman l. pauvre homme m. dur métier
n. nouveau magnétoscope o. voitures anciennes

Lösung 108: a. à cause du b. Grâce à c. car d. à cause d' e. à cause du f. grâce à
g. car h. à cause de i. grâce à j. car k. à cause de l. grâce à m. car n. Grâce à
o. car

109. PLACE DE L'ADJECTIF Setzen Sie das Adjektiv an der richtigen Stelle ein!

a. J'ai lu de ces livres. → **plusieurs**

b. Qu'as-tu fait pour avoir les mains? → **sales**

c. Il a joué dans le film „le Mohican". → **dernier**

d. Nous avons acheté les chaussures. → **mêmes**

e. On nous a donné un petit chat. → **joli - noir et blanc**

f. Il a dépensé son sou le mois. → **dernier - dernier**

g. Elle nous a raconté des histoires. → **incroyables**

h. Cette pièce de théâtre a eu de critiques. → **bonnes**

i. L'or n'est pas un métal. → **dur**

j. Il lui est arrivé une histoire. → **sale**

k. Le roman que j'achèterai sera une histoire policière. → **prochain**

l. Il ne lui arrive que des malheurs. C'est un homme. → **pauvre**

m. Mineur, c'est un métier. → **dur**

n. Nous nous sommes achetés un magnétoscope. → **nouveau**

o. Sa passion, ce sont les voitures. → **anciennes**

a. Reprenez-vous _ _ _ _ _ _ _ _ gâteau?

b. _ _ _ _ _ _ _ _ bonne tarte aux fraises est _ _ _ _ _ _ _ _ vrai délice.

c. Il n'aime pas _ _ _ _ _ _ _ _ fromage.

d. _ _ _ _ _ _ _ _ végétarien est quelqu'un qui ne mange pas _ _ _ _ _ _ _ _ viande.

e. Ce tremblement de terre a fait beaucoup _ _ _ _ _ _ _ _ dégâts.

f. Pendant _ _ _ _ _ _ _ _ jours fériés, _ _ _ _ _ _ _ _ magasins sont en général fermés.

g. Ma soeur déteste _ _ _ _ _ _ _ _ sport.

h. Je n'ai plus un sou en poche. Je dois lui emprunter _ _ _ _ _ _ _ _ argent.

i. As-tu _ _ _ _ _ _ _ _ téléphone?

j. Elle a toujours fait preuve de_ _ _ _ _ _ _ _ courage exemplaire.

k. Dans _ _ _ _ _ _ _ _ filet, il y avait _ _ _ _ _ _ _ _ poissons mais aussi _ _ _ _ _ _ _ _ bouteilles vides.

l. Son jugement est sévère mais il a _ _ _ _ _ _ _ _ mérite d'être juste.

m. Elle a mal à _ _ _ _ _ _ _ _ tête depuis deux jours.

n. Je ne connais rien de meilleur que _ _ _ _ _ _ _ _ bon camembert.

o. J'ai besoin _ _ _ _ _ _ _ _ numéro _ _ _ _ _ _ _ _ téléphone de M. Ducet.

Lösung 111: a. l' b. avoir envoyé son cadeau par la poste c. recevoir de ses nouvelles d. le
e. de l'embêter f. passer mon doctorat g. la possibilité de changer d'avis h. Ø i. la confiance j. le
k. la poursuivre en justice l. que la valeur de leurs actions a augmenté m. nos acquis obtenus l'an dernier
n. un superbe appartement avec vue sur la mer o. le livre dont elle ne cessait de parler

111. OBJET Kreisen Sie das Objekt des Satzes ein!

a. Sans parler de ce que l'on ne peut pas compter.

b. Elle affirme avoir envoyé son cadeau par la poste.

c. Nous espérons recevoir de ses nouvelles.

d. Est-ce que tu le lui a rendu?

e. Cesse de l'embêter!

f. Mon professeur m'a encouragé à passer mon doctorat.

g. Nous avons encore la possibilité de changer d'avis.

h. Il investit dans la bourse depuis quelques jours.

i. Cette relation doit être basée sur la confiance.

j. Je ne te le pardonnerai jamais!

k. Nous voulons la poursuivre en justice.

l. Ils ont constaté que la valeur de leurs actions a augmenté.

m. Nous défendrons nos acquis obtenus l'an dernier.

n. J'ai trouvé un superbe appartement avec vue sur la mer.

o. Je lui ai offert le livre dont elle ne cessait de parler.

112. FORME DE L'INFINITIF Setzen Sie die richtige Form des Infinitivs ein!

a. La fenêtre doit _ _ _ _ _ _ _ _.

b. Je n'arrive pas à _ _ _ _ _ _ _ _ de lui.

c. Nous ne nous rappelons pas lui _ _ _ _ _ _ _ _.

d. Un sportif de haut niveau doit beaucoup _ _ _ _ _ _ _ _.

e. Elle regrette de _ _ _ _ _ _ _ _.

f. Nous avons beau _ _ _ _ _ _ _ _, cela ne marche pas.

g. Le mémoire de maîtrise doit _ _ _ _ _ _ _ à l'ordinateur.

h. Vous avez tout fait pour _ _ _ _ _ _ _ _.

i. Il nie _ _ _ _ _ _ _ _ ce crime.

j. _ _ _ _ _ _ _ _, c'est pouvoir.

k. Il espère ne pas l'_ _ _ _ _ _ _ _.

l. Leur fille n'a plus le droit de _ _ _ _ _ _ _ _ ce mois-ci.

m. Elle se mord les doigts de ne pas _ _ _ _ _ _ _ _.

n. Il est préférable de ne pas l'_ _ _ _ _ _ _ _.

o. Cette rédaction doit _ _ _ _ _ _ _ pour la semaine prochaine.

- reparieren
- sich erinnern
- sprechen
- trainieren
- zu viel reden
- versuchen
- schreiben
- sich bemerkbar machen
- begehen
- wollen
- beleidigen
- ausgehen
- kommen
- ärgern
- aufsetzen

Lösung 113: a. convaincant - convainquant b. précédent - précédant c. charmant - charmant
d. convergent - convergeant e. excellent - excellant f. fatigant - fatiguant g. négligent - négligeant
h. désintéressant - désintéressant i. somnolent - somnolant j. provocant - provoquant k. souriant - souriant
l. parlant - parlant m. navigant - naviguant n. enthousiasmant – enthousiasment o. négligent - négligeant

Lösung 112: a. être réparée b. me souvenir c. avoir parlé d. s'entraîner
e. d'avoir trop parlé f. essayer g. être écrit h. vous faire remarqué i. avoir commis
j. vouloir k. avoir vexé(e) l. sortir m. être venue n. énerver o. être rédigée

113. ADJECTIF VERBAL - PARTICIPE PRÉSENT Bilden Sie diese Formen!

a. convaincre

b. précéder

c. charmer

d. converger

e. exceller

f. fatiguer

g. négliger

h. désintéresser

i. somnoler

j. provoquer

k. sourire

l. parler

m. naviguer

n. enthousiasmer

o. négliger

a. Tout le quartier le connaissait.

----

b. Le maître a puni les élèves bruyants.

----

c. Des photos d'enfants recouvrent les murs de sa chambre.

----

d. On a effectué une enquête dans cette région.

----

e. Tous les étudiants respectèrent ce professeur.

----

f. Un voyou a agressé cette vieille dame.

----

g. Des produits laitiers remplissent son réfrigérateur.

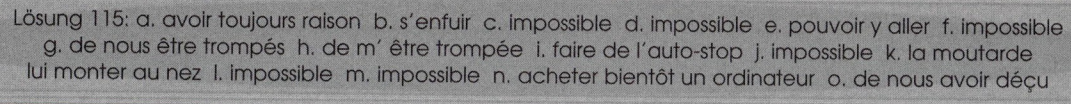

Lösung 115: a. avoir toujours raison b. s'enfuir c. impossible d. impossible e. pouvoir y aller f. impossible
g. de nous être trompés h. de m'être trompée i. faire de l'auto-stop j. impossible k. la moutarde
lui monter au nez l. impossible m. impossible n. acheter bientôt un ordinateur o. de nous avoir déçu

115. AVOIR RAISON Ersetzen Sie falls möglich die Satzteile durch den Infinitiv!

a. Il imagine _qu'il a toujours raison_. ----------►

b. Le témoin a vu les voleurs _qui s'enfuyaient_. ----------►

c. Nous espérons _que vous arriverez à temps_. ----------►

d. Le ministre espère _que son projet de loi sera accepté_. ----------►

e. En attendant _que je puisse y aller_, je lis un roman. ----------►

f. Cela n'a plus d'importance puisque _tout le monde est au courant_. ----------►

g. Nous avons l'impression _que nous nous sommes trompés_. ----------►

h. De peur _que je me sois trompée_, je refais mes calculs. ----------►

i. Sur les routes, on voit moins souvent des jeunes _qui font de l'auto-stop_. ----------►

j. Nous pensons avoir fini avant _que tu n'arrives_. ----------►

k. Elle sentait _que la moutarde lui montait au nez_. ----------►

l. Nous souhaitons _que nos enfants réussissent dans la vie_. ----------►

m. Elle crie si fort _que tous peuvent l'entendre_. ----------►

n. Nous pensons _que nous achèterons bientôt un ordinateur_. ----------►

o. Elle a l'impression _qu'elle nous a déçu_. ----------►

116. PARTICIPE PRÉSENT, GÉRONDIF, ADJECTIF VERBAL Was muss hier stehen?

a. Nous cherchons une maison _ _ _ _ _ _ _ _ un grand jardin.
b. _ _ _ _ _ _ _ _ attention, tu feras moins d'erreur.
c. Il cherche une assistante _ _ _ _ _ _ _ _ l'anglais et l'allemand.
d. Les jours _ _ _ _ _ _ _ _ les examens, je ne révise plus.
e. C'était une excursion vraiment _ _ _ _ _ _ _ _.
f. Nous avons déjà rencontré ce problème l'année _ _ _ _ _ _.
g. J'ai lu ce livre _ _ _ _ _ _ _ _ en une seule journée.
h. Elle s'est brûlée _ _ _ _ _ _ _ _ le barbecue.
i. Il prend son petit-déjeuner _ _ _ _ _ _ _ _ le journal.
j. Ils veulent absolument un chien _ _ _ _ _ _ _ _ un pedigree.
k. Ne _ _ _ _ _ _ _ _ pas la réponse, j'ai échoué.
l. Il est devenu un homme assez _ _ _ _ _ _ _ _ et _ _ _ _ _ _ _ _.
m. Il y a un nouveau poste _ _ _ _ _ _ _ _ dans mon entreprise.
n. Nous avons bu un vin _ _ _ _ _ _ _ _ lors du repas.
o. Ses idées nous _ _ _ _ _ _ _ _, nous avons accepté son projet.

- avoir
- faire
- parler
- précéder
- fatiguer
- précéder
- passionner
- allumer
- lire
- posséder
- savoir
- influer - intriguer
- vaquer
- exceller
- plaire

Lösung 117: a. impersonnel b. personnel - personnel c. impersonnel d. impersonnel e. personnel f. impersonnel g. impersonnel - personnel - personnel h. impersonnel i. personnel - personnel j. impersonnel k. personnel l. personnel m. impersonnel n. impersonnel o. impersonnel

Lösung 116: a. ayant b. en faisant c. parlant d. précédant e. fatigante f. précédente
g. passionnant h. en allumant i. en lisant j. possédant k. sachant l. influent - intrigant
m. vacant n. excellent o. plaisant

117. PRONOM PERSONNEL OU IMPERSONNEL Was liegt hier vor?

a. *Il* m'est arrivé une histoire bizarre.

b. *Il* m'a dit qu'*il* viendrait bientôt me voir.

c. Selon la météorologie, *il* pleuvra sur toute la France demain.

d. Pouvez-vous fermer la porte, s'*il* vous plaît?

e. *Il* est né aux Etats-Unis de parents italiens.

f. *Il* était une fois une bergère habitant au bord d'un lac.

g. *Il* me semble qu'*il* ne se plaît pas là où *il* est.

h. *Il* est défendu de fumer dans la plupart des restaurants.

i. *Il* semble malheureux depuis qu'*il* habite dans cette ville.

j. *Il* s'agit d'un événement ayant peu d'importance pour nous.

k. *Il* manque toujours à sa parole.

l. *Il* vaut plus cher que je ne l'aurais cru.

m. *Il* manque trois assiettes.

n. *Il* est bon de prendre son temps.

o. Crois-tu qu'*il* va faire beau?

118. JE PENSAIS QUE... Wie lautet die indirekte Rede?

a. „Je pars pour les Maldives demain."
Elle m'avait raconté que _

b. „Je ne resterai pas longtemps et reviendrai dans 10 jours."
Elle a ajouté que _

c. „Je pense y retourner l'année prochaine."
A son retour, elle précise que _

d. „Moi, par contre, j'aimerais plutôt aller en Thaïlande cette année."
Son frère avait raconté que _

e. „Nous devons absolument acheter un cadeau aujourd'hui."
Ils ont précisé que _

f. „Notre entreprise va créer son site Internet la semaine prochaine."
Ils se vantèrent que _

g. „Je veux m'acheter un logiciel pour faire mes cartes de voeux."
Mon père raconte que _

Lösung 119: a. grande b. mille personnes c. haut d. que vous ne soyez pas venu
e. chaud f. considérable g. il est gentil h. nerveuse i. court j. marché k. parle
l. lentement m. eu raison n. parlé o. préparé

Lösung 118: a. qu'elle partait pour les Maldives le lendemain. b. qu'elle ne resterait pas longtemps et reviendrait 10 jours plus tard. c. qu'elle pense y retourner l'année suivante/d'après. d. que lui, par contre, il aimerait plutôt aller en Thaïlande cette année-là. e. qu'ils devaient absolument acheter un cadeau ce jour-là. f. que leur entreprise allait créer son site Internet la semaine suivante. g. qu'il veut s'acheter un logiciel pour faire ses cartes de voeux.

119. ASSEZ VITE Welches ist das Bezugswort des Adverbs?

a. Nous habitons en bordure d'une _assez_ grande forêt.
b. _Environ_ mille personnes sont venues écouter son discours.
c. Le taux d'humidité de l'air est _si_ haut que l'on sue à grosses gouttes.
d. _Dommage_ que vous ne soyez pas venu!
e. Le thé est encore _trop_ chaud pour que l'on puisse le boire.
f. L'organisation organise un travail _vraiment_ considérable.
g. _Comme_ il est gentil!
h. Je trouve que je suis plutôt _peu_ nerveuse ces temps-ci.
i. C'est une vraie tortue, il ne court vraiment pas très _vite_!
j. Nous avons _longtemps_ marché le long de la plage.
k. Il parle _couramment_ espagnol.
l. Depuis son accident, il marche _plus_ lentement.
m. Ils ont _franchement_ eu raison de se séparer.
n. Le directeur des ventes a _moins_ parlé que celui des relations humaines.
o. Le repas a été _excellemment_ préparé.

a. J'ai acheté une excellente grammaire _ _ _ _ _ _ _ _ l'allemand.

b. Il est décidément plein _ _ _ _ _ _ _ _ surprises.

c. Je vis _ _ _ _ _ _ _ _ un quartier calme.

d. Il s'amuse _ _ _ _ _ _ _ _ marcher _ _ _ _ _ _ _ _ zigzag.

e. Beaucoup _ _ _ _ _ _ _ _ sites archéologiques ont été pillés.

f. Je ne sais pas _ _ _ _ _ _ _ _ quelle heure part son train.

g. _ _ _ _ _ _ _ _ la photo _ _ _ _ _ _ _ _ droite, on peut voir le Mont Blanc.

h. Elle n'a absolument pas confiance _ _ _ _ _ _ _ _ moi.

i. L'organisation apporte des produits _ _ _ _ _ _ _ _ première nécessité.

j. Laissez-moi exprimer ma reconnaissance _ _ _ _ _ _ _ _ quelques mots.

k. Ma montre avance toujours _ _ _ _ _ _ _ _ dix minutes.

l. Lors _ _ _ _ _ _ _ _ un mariage, les femmes de Namibie s'enduisent _ _ _ _ _ _ _ ocre rouge.

m. Son amie danse _ _ _ _ _ _ _ _ frénésie.

n. Elle ne veut pas travailler _ _ _ _ _ _ _ _ lui.

o. Nous nous approchons _ _ _ _ _ _ _ _ coeur _ _ _ _ _ _ _ _ problème.

Lösung 121: a. que b. à laquelle c. partout où d. ce qu' e. pour laquelle f. auquel
g. ce qui h. Ce que i. dont j. dont k. ce à quoi l. ce dont m. qui
n. parmi lesquelles o. laquelle

121. COMPLÉTEZ! Was muss in der Lücke stehen?

a. Le livre _ _ _ _ _ _ _ _ je lis n'a pas été traduit en français.

b. C'est une chose _ _ _ _ _ _ _ _ je n'ai encore jamais pensée.

c. Mon chien me suit _ _ _ _ _ _ _ _ je vais.

d. Il obtient toujours _ _ _ _ _ _ _ _ il veut.

e. C'est une entreprise _ _ _ _ _ _ _ _ il a travaillé avec plaisir.

f. C'est un magazine _ _ _ _ _ _ _ _ je m'abonnerai volontiers.

g. Nous ne savons pas _ _ _ _ _ _ _ _ te ferait plaisir pour Noël.

h. _ _ _ _ _ _ _ _ je ne supporte pas, c'est le manque de respect envers autrui.

i. Je suis en train de lire un texte _ _ _ _ _ _ _ _ je ne comprends toujours pas le sens.

j. Elle discute avec une amie _ _ _ _ _ _ _ _ le père est employé dans une banque.

k. Il compris assez vite _ _ _ _ _ _ _ _ je faisais allusion.

l. Prends tout _ _ _ _ _ _ _ _ tu as besoin.

m. Selon les journalistes _ _ _ _ _ _ _ _ sont restés, la situation s'aggrave.

n. Voici les différentes propositions _ _ _ _ _ _ _ _ se trouve la bonne solution.

o. Nous avons reçu une carte au bas de_ _ _ _ _ _ _ _ tous mes frères ont signé.

essuyer

a. je / présent

b. nous / imparfait

c. tu / passé composé

d. elles / futur simple

e. vous / plus-que-parfait

f. il / imparfait du subjonctif

g. vous / passé simple

h. tu / présent du conditionnel

i. ils / passé simple

j. je / présent du subjonctif

k. participe présent

l. 1ère pers. pluriel / impératif

m. vous / présent

n. je / futur simple

Lösung 123: a. m' en a b. d'y aller c. ne l'a pas d. Donnes-le-moi! e. lui résister
f. n'en veux - il g. n'y ont h. le lui i. eux j. le réussir k. ne le saviez l. nous y m. l'adore
n. n'en avez o. moi le

Lösung 122: a. j'essuie b. essuyions c. as essuyé d. essuieront e. aviez essuyé
f. essuyât g. essuyâtes h. essuierais i. essuyèrent j. j'essuie k. essuyant
l. essuyons m. essuyez n. j'essuierai

123. REMPLACEZ! Ersetzen Sie die Nominalgruppe durch ein Pronomen!

a. Il m'a mise au courant **de ses intentions**.

b. Elle n'a pas envie d'aller **en Angleterre** toute seule.

c. Il n'a pas remarqué **que son frère est parti**.

d. Donnes-moi **ce livre**!

e. Aucune femme ne peut résister **à son charme**.

f. Je ne veux pas de **ce pull**. **Ce pull** ne me plaît pas.

g. Les conflits n'ont jamais cessé **dans cette partie du pays**.

h. Ne lui raconte pas **la fin de l'histoire**!

i. Elle a utilisé ses meilleurs arguments contre **ses adversaires**.

j. Je pensais pourtant réussir **mon examen de droit civil**.

k. Vous ne saviez pas **que Jacques est parti vivre à la Réunion**.

l. Il nous a invité **à son mariage**.

m. Elle adore **cette chanson de Jacques Brel**.

n. N'avez-vous pas assez mangé **de gâteaux**?

o. Laisse-moi faire **cet exercice** pour toi en guise d'exemple!

a, *Falls du kommen willst, ruf mich an!*

   Au cas où _

b, *Da ihr Haus zu groß für sie war, hat sie es verkauft.*

   Comme _

c, *Obwohl er mich enttäuscht hat, gebe ich ihm eine zweite Chance.*

   Bien que _

d, *Ich gehe nicht mit dir ins Kino, weil ich diesen Film schon gesehen habe.*

   Je _

e, *Da du einverstanden bist, gibt es kein Problem mehr.*

   Etant donné _

f, *Seitdem er arbeitet, fühlt er sich viel besser.*

   Depuis _

g, *Selbst wenn ich Unrecht hätte, würde ich es trotzdem tun.*

   Même si _

Lösung 125: a. remontaient b. sommes allés c. était d. a appris e. ne savaient pas
f. n'ai pas cru g. recevait h. a sonné i. travailliez - est venu j. ne se mettait jamais
k. n'a pas voulu l. a offert m. vivaient n. n'a pas fait - a conseillé o. se rendait - ramenait

Lösung 124: a. Au cas où tu voudrais venir, appelle-moi! b. Comme sa maison était trop grande pour elle, elle l'a vendue. c. Bien qu'il m'ait déçu, je lui donne une deuxième chance. d. Je ne vais pas avec toi au cinéma parce que j'ai déjà vu ce film. e. Etant donné que tu es d'accord, il n'y a plus de problème. f. Depuis qu'il travaille, il se sent beaucoup mieux. g. Même si j'avais tort, je le ferais quand même.

125. Passé Composé ou Imparfait Setzen Sie die richtige Zeit ein!

a. Il y a des siècles, des navires (remonter) _____ ce fleuve.
b. Cet été, nous (aller) _____ tous les jours nous promener en forêt.
c. L'influence de ce philosophe (être) _____ en son temps peu importante.
d. L'année dernière, il (apprendre) _____ à écrire.
e. Autrefois, tous (ne pas savoir) _____ écrire ni même lire.
f. Je (ne pas croire) _____ une seule de ses paroles.
g. Le mois dernier, il (recevoir) _____ encore régulièrement de ses nouvelles.
h. Mon réveil (sonner) _____ trop tard ce matin.
i. Vous (travailler) depuis deux heures quand il (venir) _____.
j. Mon grand-père (ne jamais se mettre) _____ en colère contre ses petits-enfants.
k. Il (ne pas vouloir) _____ lui rendre visite lors de son séjour à l'hôpital.
l. Elle (offrir) _____ un stylo de valeur à son père.
m. Les rois de France (vivre) _____ dans de beaux châteaux.
n. Cette fois-là, il (ne pas faire) _____ ce que sa mère lui (conseiller) _____.
o. Chaque fois qu'elle (se rendre) ____ en France, elle (ramener) ____ du fromage.

126. LE BON CHOIX Welche Aussage ist synonym und korrekt?

a. Ce manteau plaît à Paule.

1. ⌣ Ce manteau plaît à elle.
2. ⌣ Ce manteau plaît à lui.
3. ⌣ Ce manteau lui plaît.

b. Elle ne pense jamais à ses parents.

1. ⌣ Elle ne pense jamais à eux.
2. ⌣ Elle ne pense jamais à elles.
3. ⌣ Elle ne pense à eux jamais.

c. J'aide mes frères à réviser.

1. ⌣ Je l'aide à réviser.
2. ⌣ Je lui aide à réviser.
3. ⌣ Je les aide à réviser.

d. Jean et Stéphanie sont venus.

1. ⌣ Elle et lui sont venus.
2. ⌣ Ils sont venus.
3. ⌣ Elles sont venues.

e. Il me vend ses vieux disques.

1. ⌣ Il les me vend.
2. ⌣ Il me les vend.
3. ⌣ Il me le vend.

f. Elle ne m'a pas donné de vin.

1. ⌣ Elle n'en a pas donné.
2. ⌣ Elle ne m'a en pas donné.
3. ⌣ Elle ne m'en a pas donné.

Lösung 127: a. Le jouet que l'on vient juste de lui offrir... b. Cette personne avec qui/laquelle je discute est...
c. L'hôtel où je vais d'habitude a ... d. *Anna Karénine* est un roman de Tolstoï, dans lequel l'héroïne ...
e. Le pull dont j'ai envie a été ... f. Le dernier roman de cet auteur dont on parle beaucoup à la radio a ...
g. Cette chaîne privée que je n'aime pas du tout passe...

127. RELIEZ! Verbinden Sie die Sätze mit einem Relativpronomen!

a. Le jouet est déjà abîmé. On vient juste de le lui offrir.

_____

b. Cette personne est le futur responsable informatique. Je discute avec elle.

_____

c. L'hôtel a fermé ses portes. Je vais d'habitude dans cet hôtel.

_____

d. Anna Karénine est un roman de Tolstoï. L'héroïne se suicide.

_____

e. Le pull a été tricoté à la main. J'ai envie de ce pull.

_____

f. Le dernier roman de cet auteur a du succès. On parle beaucoup à la radio.

_____

g. Cette chaîne privée passe trop de publicité. Je ne l'aime pas du tout.

_____

128. AJOUTEZ L'ADVERBE Wir geben Ihnen bei der Wortwahl eine kleine Hilfe!

a. Cet enfant répond toujours très po_ _ _ _ _ _ _ _.

b. Il a fait t_ _ _ _ _ _ _ _ chaud cet été.

c. Mon petit frère a v_ _ _ _ _ _ _ _ appris à lire.

d. Voyager en avion coûte plus c_ _ _ _ _ _ _ _ que voyager en train.

e. Nous habitions p_ _ _ _ _ _ _ _ d'un jardin public.

f. Elle a travaillé d_ _ _ _ _ _ _ _ pour devenir première danseuse à l'Opéra de Paris.

g. La gazelle est un animal courant très ra_ _ _ _ _ _ _ _.

h. Grâce à ses somnifères, ma grand-mère dort m_ _ _ _ _ _ _ _.

i. Elle a con_ _ _ _ _ _ _ _ progressé depuis l'an dernier.

j. C_ _ _ _ _ _ _ _ vaut ce chemisier en soie?

k. Il vient fré_ _ _ _ _ _ _ _ nous rendre visite.

l. Nous avançons di_ _ _ _ _ _ _ _ à cause de la neige.

m. So_ _ _ _ _ _ _ _, un orage éclata.

n. J'ai pat_ _ _ _ _ _ _ _ attendu que ce soit mon tour.

o. Nous avons b_ _ _ _ _ _ _ _ voyagé ces derniers temps.

Lösung 129: a. mis b. écrite c. offerts d. entendu e. couchés f. proposées
g. fini h. apprises i. craints j. revu - interrogé k. résolus l. publiées m. annulé
n. ralenti o. repeintes

Lösung 128: a. poliment b. très c. vite d. cher e. près f. dur g. rapidement h. mieux i. considérablement j. combien k. fréquemment l. difficilement m. soudainement n. patiemment o. beaucoup

129. PARTICIPE PASSÉ Wie lautet das Partizip II?

a. Le poulet, nous l'avons (mettre) au four il y a une heure.

b. Cette lettre, je te l'ai (écrire) la semaine dernière.

c. Voici les livres qu'il lui a (offrir) pour son anniversaire.

d. Je n'ai jamais (entendre) cette émission.

e. Ma soeur et mon frère se sont (coucher) tôt.

f. Ils ont prêté beaucoup d'attention aux idées que je leur ai (proposer).

g. Est-ce-que vous avez (finir) de manger?

h. Les comptines qu'elle apprend à la maternelle, je les ai aussi (apprendre).

i. Les requins sont (craindre) par la plupart des gens.

j. Nous n'avions pas (revoir) la leçon sur laquelle il nous a (interroger).

k. Ces problèmes, il les a (résoudre) plus vite que prévu.

l. Ces revues ont été (publier) dans une maison d'édition célèbre.

m. Elle a (annuler) son abonnement à ce magazine.

n. Nous avons (ralentir) notre cadence de travail.

o. Les fenêtres que tu vois, nous les avons (repeindre) aujourd'hui.

130. POUVOIR SAVOIR Übersetzen Sie die deutschen Begriffe!

a. Est-ce que tu _ _ _ _ _ _ _ _ nager? — kannst

b. Je ne sais pas si je _ _ _ _ _ _ _ _ de fumer ici. — darf

c. Il _ _ _ _ _ _ _ _ bien nous accompagner. — möchte

d. Je _ _ _ _ _ _ _ _ absolument voir cette pièce de théâtre. — muss

e. Ce film _ _ _ _ _ _ _ _ avoir beaucoup de succès. — sollte

f. Tu _ _ _ _ _ _ _ _ mieux de te taire. — solltest

g. Les baleines _ _ _ _ _ remonter à la surface pour inspirer de l'air. — müssen

h. Selon le médecin, je _ _ _ _ _ _ _ _ maigrir. — sollte

i. Est-ce-que je _ _ _ _ _ _ _ _ demander ton avis? — darf

j. _ _ _ _ _ _ _ _ -tu venir me chercher demain matin? — kannst

k. Nous _ _ _ _ _ _ aller au cinéma ce soir. La voiture est réparée. — können

l. Il _ _ _ _ _ _ _ _ sortir ce soir. — darf nicht

m. Il _ _ _ _ _ _ _ _ me chercher des ennuis. — hätte nicht sollen

n. Que _ _ _ _ _ _ _ _ je faire? — soll

o. Ils _ _ _ _ _ _ _ _ aller jouer dans le jardin. — dürfen

Lösung 131: a. suivis b. vécurent c. maudit d. lûtes e. bûmes f. crut g. fallut
h. rentrèrent i. sus j. allâmes k. s'écrivirent l. mirent m. battis n. voulut o. durent

Lösung 130: a. sais b. j'ai le droit c. aimerait d. dois e. devrait f. ferais
g. doivent h. devrais i. peux j. Peux k. pouvons l. n'a pas le droit de
m. n'aurait pas du n. dois o. peuvent

131. PASSÉ SIMPLE Setzen Sie die Verben ins Passé Simple!

a. Je la (suivre) un court instant.

b. Ils (vivre) dans une vieille maison toute délabrée.

c. Elle (maudire) son père.

d. Vous (lire) ses récits.

e. Nous (boire) un peu trop lors de son mariage.

f. Elle ne me (croire) jamais.

g. Il lui (falloir) un certain laps de temps pour réagir.

h. Ils (rentrer) enfin chez eux.

i. Je ne (savoir) jamais la vérité.

j. Nous (aller) à sa rencontre.

k. Ils (s'écrire) de longues lettres.

l. Elles (mettre) leur plus belle robe.

m. Je (battre) en retraite.

n. Pauline ne (vouloir) pas m'accompagner.

o. Les enfants (devoir) se rendre chez le médecin.

132. RELIEZ LES PROPOSITIONS Verbinden Sie die Sätze!

a. Le journaliste annonce
b. La météo prévoit
c. Mes parents décident
d. Le médecin a affirmé
e. Le journaliste a annoncé
f. Le volcanologue annonce
g. Mes parents décidèrent
h. Tu m'aurais fait plaisir
i. Le médecin affirme
j. Le chirurgien avait dit
k. Selon lui, il est certain
l. Tu me feras plaisir
m. Le volcanologue annonça
n. Le chirurgien dit
o. Selon lui, il est possible

1. qu'il guérira vite.
2. que ce volcan peut se réveiller.
3. si tu avais appelé avant de venir.
4. que ce volcan pouvait se réveiller.
5. que j'irais en vacances avec eux.
6. si tu m'appelles avant de venir.
7. que les routiers feraient grève.
8. que j'irai en vacances avec eux.
9. que les routiers feront grève.
10. qu'il vienne en retard.
11. que l'opération s'est bien passée.
12. que le soleil brillera toute la journée.
13. qu'il allait vite guérir.
14. qu'il viendra en retard.
15. que l'opération s'était bien passée.

Lösung 133: a. ma visite b. l'absence de Sophie c. le mariage de ton frère en juin d. la mort de son chien
e. la naissance de sa petite fille f. de ton aide pour traduire ce texte g. par la guérison prochaine de leur fils
h. de l'exactitude de mes calculs i. une réponse le plus vite possible j. de la réaction du malade k. la restauration de ce
tableau l. son renoncement à la succession m. du piratage de son logiciel n. la création prochaine de nouveaux emplois
o. la livraison de mon téléviseur

133. REMPLACEZ Ersetzen Sie den Nebensatz durch eine Nominalgruppe!

a. Paul et Justine attendent _que je viennes._
b. Le professeur n'a pas remarqué _que Sophie était absente._
c. J'ai appris _que ton frère s'était marié en juin._
d. Julie est triste d'apprendre _que son chien est mort._
e. Ma cousine est heureuse de m'annoncer _que sa petite fille est née._
f. Nous avons besoin _que tu nous aides pour traduire ce texte._
g. Ils sont soulagés _que leur fils soit bientôt guéri._
h. Je suis certaine _que mes calculs sont exacts._
i. Mon supérieur souhaite _que je réponde le plus vite possible._
j. Le médecin est étonné _que le malade réagisse ainsi._
k. Le directeur du musée souhaite _que ce tableau soit restauré._
l. Le notaire a appris avec surprise _qu'il renonçait à la succession._
m. Il souffre beaucoup _que son logiciel ait été piraté._
n. Le ministre prévoit _que de nouveaux emplois seront prochainement créés._
o. J'attend impatiemment _que mon téléviseur soit livré._

a. Ma grand-mère marche doucement _ _ _ _ _ _ _ _ tomber.

b. On a dépensé des sommes énormes _ _ _ _ _ _ _ _ tourner ce film.

c. _ _ _ _ _ _ _ _ nos invités aient froid, nous avons mis du chauffage.

d. Ils ont fléchés la route _ _ _ _ _ _ _ _ nous puissions les trouver facilement.

e. _ _ _ _ _ _ _ _ ne pas déranger les voisins, j'ai baissé le son de ma radio.

f. Il a pris son parapluie _ _ _ _ _ _ _ _ il ne pleuve.

g. Je me couvre d'une couverture _ _ _ _ _ _ _ _ ne pas avoir froid.

h. Ses parents l'ont envoyé en Allemagne _ _ _ _ _ _ _ _ il puisse apprendre la langue.

i. _ _ _ _ _ _ _ _ se rendre ridicule, il préféra s'en aller.

j. _ _ _ _ _ _ _ _ régler leur désaccord, ils ont fait appel à un avocat.

k. Elle a fait tout son possible _ _ _ _ _ _ _ _ tous soient satisfaits.

l. J'ai pris conseil auprès d'un spécialiste _ _ _ _ _ _ _ _ acheter cet ordinateur.

m. Elle ne lui téléphone pas _ _ _ _ _ _ _ _ le déranger.

n. _ _ _ _ _ _ _ _ être puni, personne n'ose le contredire.

o. Il m'écrit de longues lettres _ _ _ _ _ _ _ _ je ne perde pas courage.

de peur de
de peur que
pour que
pour

Lösung 135: a. dans b. en c. pendant d. pour e. dans f. Depuis g. Dès h. Dans
i. après j. Avant k. depuis l. après m. avant - après n. dès o. en

135. EXPRESSION DU TEMPS Setzen Sie die richtige temporale Präposition ein!

a. Il revient _ _ _ _ _ _ _ _ deux minutes.

b. Nous faisons ce trajet _ _ _ _ _ _ _ _ trois heures.

c. Il a regardé la télévision _ _ _ _ _ _ _ _ plus de deux heures.

d. En France, le Président de la République est élu _ _ _ _ _ _ _ _ sept ans.

e. Nous aurons fini notre travail _ _ _ _ _ _ _ _ une heure.

f. _ _ _ _ _ _ _ _ sa plus tendre enfance, il rêve de devenir pilote de chasse.

g. _ _ _ _ _ _ _ _ la fin de son discours, nous rentrerons à la maison.

h. _ _ _ _ _ _ _ _ quelques années, ils pensent pouvoir faire bâtir.

i. Ils sont partis en voyage de noces juste _ _ _ _ _ _ _ _ leur mariage.

j. _ _ _ _ _ _ _ _ de partir, vérifie si tout est bien fermé!

k. Elle doit se reposer _ _ _ _ _ _ _ _ son opération du dos.

l. J'aime prendre une douche brûlante _ _ _ _ _ _ _ _ avoir couru.

m. Un médecin devrait se laver les mains _ _ _ _ _ _ _ _ et _ _ _ _ _ _ _ _ chaque visite.

n. „Promis! _ _ _ _ _ _ _ _ demain, je vais le voir."

o. Ce plat se prépare _ _ _ _ _ _ _ _ moins d'une heure.

a, *En faisant des recherches*, tu trouverais les renseignements que tu veux.

b, *Avec la licence*, on peut préparer une maîtrise.

c, *En faisant régulièrement du sport*, je serais moins fatiguée.

d, *Sans mes lunettes*, je ne peux pas travailler à l'ordinateur.

e, *En écoutant la radio*, j'aurais su que les transports en commun font grève.

f, *En ne mangeant pas toute la journée*, tu pourrais maigrir.

g, *Avec de la patience*, tu aurais pu réussir cet exercice.

h, On ne peut pas apprendre une langue étrangère *sans aller à l'étranger.*

i, *En ajoutant un peu de poivre*, ton plat serait plus épicé.

j, *En faisant plus attention*, l'élève aurait pu répondre à la question.

k, *En roulant moins vite*, je suis plus sûr de moi.

l, *En ne respectant pas la nature*, nous pouvons détruire la chaîne alimentaire.

m, Il ne réussira pas *sans ton aide*.

n, *En me prévenant*, vous m'auriez évité des ennuis.

o, *Sans vos explications*, je n'aurais rien compris.

Lösung 137: a. suis b. contredis c. avais dit d. crieras e. vienne f. est g. est
h. attire i. répondit j. aurait duré k. soit l. venais m. ferais n. embêterait o. partirons

137. A CHOISIR Kreisen Sie die richtige Lösung ein!

a. Je t'appelle dès que je **suis/étais** à la maison.

b. Si tu la **contredisais/contredis** tout le temps, elle se mettra en colère.

c. Je lui ai téléphoné comme je te l' **avais dit/disais**.

d. Aussi longtemps que tu **cries/crieras**, je ne t'écouterai pas.

e. Dans l'attente qu'il **vienne/soit venu**, je lis le journal.

f. Il **sera/est** temps que tu partes.

g. Il **est/fut** peu probable qu'il me téléphone ce soir.

h. Depuis cette découverte, le pays **attire/attirera** nombre savants.

i. Quand je lui ai posé cette question, elle **répondit/répond** sans hésiter.

j. Sans ordinateur, ce travail **aurait duré/dura** plus longtemps.

k. Aussi chanceux qu'il **soit/était**, il ne réussit pas toujours.

l. Si tu **venais/viendrais** passer les vacances avec moi, cela me ferait plaisir.

m. Au cas où j'aurais le temps, je **ferais/fais** la cuisine.

n. Si l'enfant était occupé, il n' **embêterait/embêtera** pas sa mère.

o. Nous **partirons/partîmes** dans deux jours.

a. rapiécer -- ⇢

b. créer -- ⇢

c. manger -- ⇢

d. finir -- ⇢

e. haïr -- ⇢

f. fuir --- ⇢

g. revenir --- ⇢

h. mourir -- ⇢

i. faillir -- ⇢

j. avancer -- ⇢

k. courir --- ⇢

l. recevoir --- ⇢

m. promouvoir --- ⇢

n. savoir -- ⇢

o. émouvoir -- ⇢

Lösung 139: a. J'ai lu tous les poèmes de cet auteur. b. Elle pense à ses parents et à ses frères et soeurs. c. Mon père dit toujours quelque chose sur ce sujet. d. J'ai déjà vu ce film. e. Il fait encore du sport. f. Elle est partie en saluant tout le monde. g. Il reste encore quelque chose à boire.